Liderança
de equipes

Central de Qualidade — FGV Management

ouvidoria@fgv.br

SÉRIE CADEMP

Liderança de equipes

Damáris Vieira Novo
Edna de Assunção Melo Chernicharo
Mary Suely Souza Barradas

ISBN — 978-85-225-0682-8

Copyright © 2008 Damáris Vieira Novo, Edna de Assunção Melo Chernicharo e Mary Suely Souza Barradas

Direitos desta edição reservados à
EDITORA FGV
Rua Jornalista Orlando Dantas, 37
22231-010 — Rio de Janeiro, RJ — Brasil
Tels.: 0800-021-7777 — 21-3799-4427
Fax: 21-3799-4430
e-mail: editora@fgv.br — pedidoseditora@fgv.br
web site: www.fgv.br/editora

Impresso no Brasil / Printed in Brazil

Todos os direitos reservados. A reprodução não autorizada desta publicação, no todo ou em parte, constitui violação do copyright (Lei nº 9.610/98).

Os conceitos emitidos neste livro são de inteira responsabilidade dos autores.

1ª edição — 2008
1ª reimpressão — 2008, 2ª reimpressão — 2009, 3ª reimpressão — 2010, 4ª reimpressão — 2011, 5ª reimpressão — 2012, 6ª reimpressão — 2013

Revisão de originais: Claudia Gama

Editoração eletrônica: FA Editoração Eletrônica

Revisão: Fatima Caroni e Tatiana Viana

Capa: aspecto:design

Ilustração sobre fotografia Stockxpert

**Ficha catalográfica elaborada pela
Biblioteca Mario Henrique Simonsen/FGV**

Novo, Damaris Vieira
    Liderança de equipes / Damaris Vieira Novo, Edna de Assunção Melo Chernicharo, Mary Suely Souza Barradas. — Rio de Janeiro : Editora FGV, 2008.

    152 p. — (Cademp)
    Acima do título: Publicações FGV Management.
    Inclui bibliografia.

    1. Liderança. 2. Grupos de trabalho. 3. Comunicação interpessoal. 3. Motivação no trabalho. 4. Conflito — Administração. I. Chernicharo, Edna de Assunção Melo. II. Barradas, Mary Suely Souza. III. Fundação Getulio Vargas. IV. FGV Management. V.Título. VI. Série.

                                                            CDD — 658.4092

Aos nossos alunos e aos nossos colegas docentes,
que nos levam a pensar e repensar as nossas práticas.

Às nossas famílias e amigos,
pelo incentivo e compartilhamento.

A Felipe Melo Chernicharo,
nossos agradecimentos pelas ilustrações.

Sumário

Apresentação 9

Introdução 13

1 | **Liderança** 15

Diferenças semânticas 15

A pessoa do líder 18

O que é liderança 29

Competência de liderança 34

2 | **Estilos de liderança** 39

Deuses mitológicos e estilos de liderança 40

Tipos psicológicos de Carl Gustav Jung 51

Liderança situacional 59

3 | **Grupos, equipes e equipes de alto desempenho** 63

Fases de desenvolvimento de grupos 63

Equipe: uma definição 73

Equipes de alto desempenho 80

4 | Comunicação interpessoal e desenvolvimento de equipes 83

Comunicação e interação humana 83

Comunicação como base das relações interpessoais 85

Obstáculos à comunicação interpessoal 87

Dar e receber *feedback* 91

5 | Motivação de equipes 99

A função do trabalho na vida do indivíduo
e da sociedade 99

Trabalho e motivação 103

Liderança e motivação 109

Clima organizacional e motivação 112

6 | Administração de conflitos 117

Causas do conflito 118

Poder e conflito 119

Liderança e conflito 122

Criatividade e conflito 126

Colaboração e competição 131

Conflito: possíveis soluções 135

Conclusão 143

Referências bibliográficas 147

As autoras 151

Apresentação

Este livro compõe as Publicações FGV Management, programa de educação continuada da Fundação Getulio Vargas (FGV).

Instituição de direito privado com mais de meio século de existência, a FGV vem gerando conhecimento por meio da pesquisa, transmitindo informações e formando habilidades por meio da educação, prestando assistência técnica às organizações e contribuindo para um Brasil sustentável e competitivo no cenário internacional.

A estrutura acadêmica da FGV é composta por oito escolas e institutos: a Escola Brasileira de Administração Pública e de Empresas (Ebape), dirigida pelo professor Bianor Scelza Cavalcanti; a Escola de Administração de Empresas de São Paulo (Eaesp), dirigida pelo professor Francisco Mazzucca; a Escola de Pós-Graduação em Economia (EPGE), dirigida pelo professor Renato Fragelli; o Centro de Pesquisa e Documentação de História Contemporânea do Brasil (Cpdoc), dirigido pelo professor Celso Castro; a Escola de Direito de São Paulo (Direito GV), dirigida pelo professor Ary Oswaldo Mattos Filho; a Escola de Direito do Rio de Janeiro (Direito Rio), dirigida pelo professor Joaquim Falcão; a Escola de Economia de São Paulo (Eesp), dirigida pelo professor Yoshiaki Nakano; o Instituto Brasileiro de Economia (Ibre), dirigido pelo professor Luiz Guilherme Schymura de Oliveira. São diversas unidades com a marca FGV, trabalhando com a mesma filosofia: gerar e disseminar o conhecimento pelo país.

Dentro de suas áreas específicas de conhecimento, cada escola é responsável pela criação e elaboração dos cursos oferecidos pelo Instituto de Desenvolvimento Educacional (IDE), criado em 2003 com o objetivo de coordenar e gerenciar uma rede de distribuição única para os produtos e serviços educacionais da FGV, por meio de suas escolas. Dirigido pelo professor Clovis de Faro, o IDE engloba o programa FGV Management e sua rede conveniada, distribuída em todo o país (ver www.fgv.br/fgvmanagement), o programa de ensino a distância FGV Online (ver www.fgv.br/fgvonline), a Central de Qualidade e Inteligência de Negócios, o Programa de Cursos Corporativos e uma Direção Acadêmica. Por meio de seus programas, o IDE desenvolve soluções em educação presencial e a distância e em treinamento corporativo customizado, prestando apoio efetivo à rede FGV, de acordo com os padrões de excelência da instituição.

Este livro representa mais um esforço da FGV em socializar seu aprendizado e suas conquistas. Ele é escrito por professores do FGV Management, profissionais de reconhecida competência acadêmica e prática, o que torna possível atender às demandas do mercado, tendo como suporte sólida fundamentação teórica.

A FGV espera, com mais essa iniciativa, oferecer a estudantes, gestores, técnicos — a todos, enfim, que têm internalizado o conceito de educação continuada, tão relevante nesta era do conhecimento — insumos que, agregados às suas práticas, possam contribuir para sua especialização, atualização e aperfeiçoamento.

Clovis de Faro
Diretor do Instituto de Desenvolvimento Educacional

Ricardo Spinelli de Carvalho
Diretor Executivo do FGV Management

Sylvia Constant Vergara
Coordenadora das Publicações FGV Management

Introdução

Este livro tem por finalidade contribuir para o aprimoramento de profissionais que estão no mercado e daqueles que nele pretendem ingressar. Liderança de equipes é um tema inesgotável e muito já se tem escrito sobre ele. Então, por que mais uma publicação? Acreditamos, leitor, que nossa proposta traga uma contribuição à sua prática por arrolar alguns dos principais conceitos teóricos sobre liderança e correlacioná-los com os saberes constituídos no calor da sala de aula. Desse modo, a união da teoria com a prática se transformou em um objetivo almejado por nós: três professoras consultoras. Com esse intuito, além da troca de informações sobre experiências em sala de aula com nossos alunos, fizemos uma pesquisa com gestores de empresas privadas e públicas e também com microempresários, apresentando-lhes um questionário pelo qual pudemos conhecer as suas opiniões sobre os principais conceitos ligados ao trabalho dos líderes brasileiros.

Agradecemos a todos que colaboraram com nossa pesquisa, o que enriqueceu sobremaneira a elaboração desta obra. Seus depoimentos possibilitaram conhecer mais de perto o que pensam nossos gestores a respeito da liderança de equipes e facilitaram as correlações com os conceitos estudados.

O livro está estruturado em seis capítulos. No primeiro capítulo, apresentamos algumas conceituações sobre líder, liderança e competência de liderança para, em seguida, estabelecer uma discussão a respeito das diferenças conceituais e semânticas destes três termos.

O segundo capítulo trata dos estilos de liderança, utilizando como metáfora os deuses da mitologia grega e seus atributos, os tipos psicológicos junguianos e também a teoria da liderança situacional.

No terceiro capítulo, explicitamos conceitos de grupo, equipes e equipes de alto desempenho e suas especificidades.

O quarto capítulo refere-se à comunicação interpessoal e sua influência no desenvolvimento das equipes, abordando a importância do *feedback* eficaz nas relações entre líder e liderados.

No quinto capítulo, abordamos o tema motivação de equipes, enfatizando a questão do trabalho e o papel da liderança, assim como o clima organizacional e suas influências na produtividade e na vida do trabalhador.

No sexto e último capítulo, apresentamos nossas reflexões sobre a questão do conflito e as possíveis alternativas de soluções para administrá-lo, suas causas, o uso do poder, a liderança, a criatividade, a colaboração e a competição.

1

Liderança

Este capítulo tem por finalidade apresentar uma discussão sobre a dinâmica da liderança. Fundamenta-se nas principais concepções das teorias em que a liderança é considerada efeito das inter-relações com o grupo, bem como nas teorias que privilegiam a liderança como característica de um indivíduo. Apesar de numerosas pesquisas tratarem do tema, sabemos que a liderança continua a ser assunto controverso. Conseqüentemente, este capítulo não visa encerrar qualquer discussão; ao contrário, a proposta é abrir um canal de interlocução a respeito das concepções sobre liderança, pessoa do líder e competência de liderança.

Diferenças semânticas

Podemos conceituar diferentemente líder e liderança?

Caro leitor, entendemos que a diferença entre os termos líder e liderança seja muito mais de ordem semântica do que estritamente conceitual, levando-se em consideração que a variação entre as descrições citadas na literatura atual esteja muito mais relacionada à análise da posição ocupada pelo indivíduo em determinada situação do que a uma diferença conceitual que estabeleça, de fato, uma distinção entre a pessoa do líder e o fenômeno da liderança.

Para liderar uma equipe, necessitamos de um líder que exerça influência sobre as pessoas, que saiba extrair das inter-relações estabelecidas entre ele e sua equipe a sinergia[1] necessária para a obtenção de resultados eficazes. Nesse sentido, liderança é entendida por nós como um processo de influência constituída na inter-relação entre a pessoa do líder e seus empregados. Assim, entendida como processo, liderança não é fruto apenas do perfil do líder e suas competências, mas também diz respeito ao perfil da equipe e ao contexto organizacional no qual está inserido. Desse modo, podemos definir liderança como "um processo de influência nos demais para que trabalhem com entusiasmo para cumprir seus objetivos" (Soto e Marras, 2002:216).

Isso significa dizer que a influência interpessoal exercida pelo líder se caracteriza pela capacidade de influenciar uma ou mais pessoas de maneira intencional por meio de argumentos, visando provocar ou modificar comportamentos com o objetivo de alcançar resultados almejados na relação interpessoal.

---

[1] Sinergia é a resultante da experiência vivida pelo grupo no processo de transformação das forças atuantes em um comportamento ativo, em oposição ao comportamento estático individual. Quando interagem, os indivíduos compartilham das energias e forças derivadas das respectivas interações. Um grupo não é a soma dos indivíduos, mas um produto da sua dinâmica. Esse fenômeno — observado pelos autores estudiosos da dinâmica de grupo, como Bion, Lewin e outros — tem sido de fundamental importância para a análise dos estágios de desenvolvimento de um grupo.

O líder não lida apenas com objetivos concretos e imutáveis, por isso deve ter a habilidade de traduzir objetivos estabelecidos com sua equipe em competência de tomada de decisão. Com isso, leitor, estamos optando pelo enfoque no qual liderança é considerada um processo, e que se constitui na combinação de três elementos, a saber: o perfil do líder, o perfil da equipe e o contexto organizacional (figura 1).

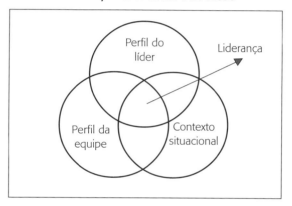

Figura 1
LIDERANÇA VISTA COMO PROCESSO

Para o líder ser reconhecido como tal, e para que seja meio de expressão da liderança, ele deve direcionar e conjugar esforços no sentido de fazer convergir os interesses da organização e os objetivos desejados por sua equipe. Assim, é possível pensar que a liderança como processo é passível de desenvolvimento, tendo em vista que o grau em que o líder é aceito e reconhecido não depende somente de suas características pessoais, mas também das pessoas conduzidas por ele e do contexto situacional. Podemos dizer então que "uma liderança bem-sucedida depende de comportamentos, habilidades e ações apropriadas, e não de características pessoais. Isso é muito importante, já que o comportamento pode ser aprendido e modificado, enquanto as características pessoais são relativamente fixas" (Soto e Marras, 2002:216). Contudo, mesmo que tenhamos a compreensão de que a liderança é constituída como processo, cabe-nos delimitar didaticamente algumas características que norteiam os termos líder e liderança para conceituarmos, mais adiante, a competência de liderança que, a nosso ver, se constitui em um termo mais abrangente e atual, por melhor descrever o processo de influência constituída na inter-relação entre a pessoa do líder e seus liderados. Pensamos que essa delimitação seja importante para auxiliá-lo, leitor, a melhor compreender o capítulo que trata da liderança situacional, uma teoria que aborda a relação líder *versus* liderança, considerando o processo de interação e as dinâmicas estabelecidas entre o líder e sua equipe.

A pessoa do líder

Apresentamos aqui algumas definições de líder e estratégias de atuação correlatas.

Segundo a definição sociológica, líder "é a pessoa que, em dado tempo e lugar, por suas ações, modifica, orienta, dirige ou controla atitude, ação e comportamento social de um ou mais adeptos ou seguidores" (Cabral, 1979:181).

De acordo com essa compreensão, o líder é aquele indivíduo que por meio de sua postura é capaz de influenciar outras pessoas, levando-as a comungar objetivos comuns. Entretanto, acreditamos que essa e tantas outras definições disponíveis na literatura sobre o assunto não conseguem eliminar de nosso imaginário a associação entre líderes e grandes personalidades da história, como Gandhi ou madre Teresa de Calcutá. Nem tampouco afastar a idéia de que liderança possui "uma dimensão mágica, ou seja, a utilização hábil de algumas qualidades inatas é capaz de transformar pessoas, chefes ou dirigentes em grandes e respeitáveis líderes" (Motta, 1994:206). Se assim fosse, ser líder estaria ao alcance de muito poucos.

Esses exemplos nos fazem pensar que ser líder é algo muito distante de nós, algo mítico. Para Motta (1994:207), "a visão de liderança, baseada no senso comum, ajudou a criar mistérios, mitos e atrativos em relação à idéia de liderar". A crença de que o líder deve possuir alguns atributos diferenciais que o caracterizam como tal, e que só alguns conseguem ser reconhecidos como líderes, sem que façam nenhum esforço para isso, é um equívoco. Todos os líderes citados só foram assim reconhecidos após consagrarem esforço e dedicação à causa que defendiam.

Desse modo, constituem exemplos de líderes reconhecidos aqueles que, a seu modo, foram construindo uma rede de relacionamentos em que, por meio de muito trabalho, conseguiram imprimir sua marca singular e levar pessoas a se tornarem adeptas de suas idéias e ideais. Embora sejam caracterizados como pessoas especiais, todos eles são pessoas tão comuns quanto seus liderados. Segundo Motta (1994), o que distingue o líder da maioria das pessoas comuns é a maneira incomum de obter resultados.

É fato que não podemos deixar de sublinhar a genialidade dos líderes da história, mas também precisamos avançar no conhecimento a respeito do potencial que todos nós possuímos, bem como trabalhar no aperfeiçoamento desse potencial até o momento de sermos capazes de converter potencial em competência de liderança. "Líderes são pessoas comuns que aprendem habilidades comuns, mas que no seu conjunto formam uma pessoa incomum" (Motta, 1994:207).

A discussão acadêmica na atualidade entende que uma pessoa comum pode tornar-se líder e que o exercício da liderança pouco tem a ver com habilidades raras. As habilidades de liderança podem ser aprendidas por meio de ensinamentos e experiência de vida.

Isso se deve ao fato de reconhecer, leitor, que o exercício da liderança parece estar mais relacionado ao processo de "equilibração" — movimento entre as fases de assimilação e acomodação do conhecimento, estudado por Piaget — do que apenas às características facilitadoras ao exercício de liderança. O processo de equilibração nos auxilia a reformular a idéia de que o potencial para ser líder está, necessariamente, vinculado às características específicas, inatas e imutáveis de liderança. O líder vai-se constituindo por meio das interações que estabelece com as pessoas de sua equipe, sem desconsiderar, evidentemente, os fatores situacionais que envolvem tanto a pessoa do líder quanto as pessoas que estejam a ele vinculadas.

Será, então, que existe uma classe de pessoas que já nasce com um potencial de liderança maior do que as outras?

Embora as evidências tendam, ainda hoje, a apoiar o conceito segundo o qual o líder é possuidor de características específicas de liderança que permitiriam desempenhar o seu papel em qualquer organização, ao invés da determinação situacional da liderança, as discussões atuais "já não se contrapõem radicalmente, como se fazia há algumas décadas atrás" (Motta, 1994:208). Sobre a pessoa do líder, é reconhecido que existem certos atributos e características individuais que o ajudam a se ajustar melhor a uma função do que a outra, mas não se aceita plenamente a idéia de que o líder é produto de traços inatos de personalidade. A liderança pode, então, ser ensinada e aprendida por qualquer indivíduo.

Mesmo sem nos atermos a uma hipotética genética do líder como uma predestinação, não podemos deixar de destacar o estudo realizado com crianças pelo psicólogo social húngaro Ferenc Merei (1949; ver Henneman, 1989), que destaca três estratégias utilizadas pelos líderes na interação dos grupos observados. Na conclusão do estudo, Ferenc Merei diz que em todos os casos, com exceção de um, o líder foi forçado a aceitar as regras e costumes do grupo. A única exceção foi um grupo no qual, em três dias sucessivos, foram introduzidos três novos líderes. O grupo observado resistiu com sucesso aos esforços desses três novos líderes para alterar suas regras e costumes. Entretanto, o esforço "deixou o grupo exausto e ele começou a enfraquecer" (Henneman, 1989:67), como ficou evidenciado por um marcado aumento no jogo solitário. O grupo reagiu à presença do líder, evidenciando um comportamento de isolamento, rompendo desse modo os laços sinérgicos. O quarto líder introduzido no grupo foi capaz de reorganizar completamente esse grupo enfraquecido — deu ordens, introduziu regras novas e decidiu o que fazer e como jogar. Merei (1949; ver Henneman, 1989) observou que, em todos os grupos, o líder, embora aceitasse as regras e os costumes estabelecidos, ainda conseguiu desempenhar o seu papel adotando uma das estratégias seguintes.

❏ *O que dá as ordens.* Esta estratégia é ilustrada pelo comportamento de um líder que, em primeiro lugar, deu ordens, fez sugestões e controlou os companheiros do grupo. Ele foi evitado, ignorado, e o grupo comportou-se à sua maneira tradicional. Subitamente, o comportamento do líder mudou. Reuniu-se ao grupo em suas atividades e aprendeu suas regras e costumes. Durante o segundo período de atividades, ele novamente deu ordens, "isto é, ordenou-lhes que fizessem exatamente o que eles fariam de qualquer forma. Ele alcançou a liderança sem ser capaz de alterar os costumes do grupo" (Henneman, 1989:67).

- *O proprietário.* A liderança pode expressar-se por meio da posse dos pertences do grupo. Os objetos continuam a ser usados segundo o costume do grupo, mas eles agora "pertencem" ao líder. Esta estratégia é ilustrada pelo comportamento de um líder que se sobressaíra num grande grupo observado. Quando colocado num grupo com costumes já mais estruturados, foi "engolido" pelo grupo. Seguiu as atividades grupais, aceitou os seus costumes. O grupo nunca seguia as suas sugestões. Todavia, sua liderança ainda se expressava no grupo. Os companheiros davam-lhe todos os objetos sem que ele pedisse e com isso reconheciam sua autoridade.

- *O diplomata.* Este tipo de líder aceita os costumes do grupo para mudá-los gradualmente. Esta estratégia é ilustrada por um líder que, quando introduzido num grupo com arraigados costumes próprios, tentou primeiro sugerir novos jogos, mas foi repelido. Juntou-se, então, às atividades costumeiras, mas introduziu pequenas mudanças e tornou-se o líder dos jogos modificados. Mais tarde, foi capaz de alterar mais drasticamente os jogos tradicionais do grupo (Henneman, 1989).

No quadro 1, apresentamos de forma sintética as estratégias de liderança comentadas.

Quadro 1
ESTRATÉGIAS DE LIDERANÇA

Tipo de líder	Comportamento adotado	Reações do grupo	Mudanças comportamentais do líder
O que dá as ordens	Comportamento de um líder que, em primeiro lugar, deu ordens, fez sugestões e controlou os companheiros do grupo	O líder foi evitado, ignorado, e o grupo comportou-se à sua maneira tradicional	O líder reuniu-se ao grupo em suas atividades e aprendeu suas regras e costumes
O proprietário	A liderança pode expressar-se através da posse dos pertences do grupo. Os objetos continuam a ser usados segundo o costume do grupo, mas eles agora "pertencem" ao líder	Quando colocado num grupo com costumes já mais estruturados, o líder foi "engolido" pelo grupo. O grupo nunca seguia as suas sugestões	O líder seguiu as atividades grupais, aceitou os seus costumes. Os companheiros davam-lhe todos os objetos sem que ele pedisse e com isso reconheciam sua autoridade
O diplomata	O líder aceita os costumes do grupo para mudá-los gradualmente	Quando introduzido num grupo com arraigados costumes próprios, o líder tentou primeiro sugerir novos jogos, mas foi repelido	O líder juntou-se, então, às atividades costumeiras, mas introduziu pequenas mudanças e liderou os jogos modificados. Mais tarde foi capaz de alterar mais drasticamente os jogos tradicionais do grupo

Fonte: Henneman (1989).

A questão inicial que induziu Merei a realizar o estudo dos líderes nas interações com os grupos foi: "O grupo seguia o líder ou lhe impunha seus costumes?" (Henneman, 1989:67-68). Certamente, leitor, a delimitação de estratégias utilizadas pelos líderes parece não ter sido seu foco inicial, e sim um substrato importante do estudo.

Na realidade, apesar de o grupo observado ter reconhecido o líder aplicando suas estratégias de liderança particulares, ficou evidente, nesse estudo, uma preponderância situacional da liderança, ao invés da caracterização de um perfil específico de líder aplicável a qualquer situação. De acordo com Vergara (2000:52), "quando uma pessoa ingressa num grupo, simbolicamente o grupo faz-lhe promessas de reconhecimento e recompensa se a pessoa comporta-se conforme o esperado pelo grupo".

Não podemos confundir as estratégias utilizadas pelos líderes com o perfil da pessoa do líder. As estratégias estão menos referidas às características da pessoa do líder e mais a uma determinação situacional. Por isso, enfatizamos a importância em distinguirmos a pessoa do líder e suas particularidades do processo da liderança, visando a um melhor entendimento conceitual. O líder não consegue sozinho determinar o rumo de uma equipe. Como foi dito, ele só conseguirá exercer a liderança se for capaz de interagir com seus empregados e ser identificado pelo grupo como líder.

Líderes que povoam nosso imaginário são pessoas que conseguem emanar de seu íntimo algo da ordem do intangível. Elas possuem brilho próprio. Encontramos, porém, numerosos exemplos em nossas empresas de pessoas comuns que não exibem nenhuma habilidade rara, mas apresentam um extraordinário potencial de liderança e são sérias candidatas a serem reconhecidas e respeitadas por sua capacidade de liderar.

Com a intenção de demonstrar que pessoas comuns podem ser reconhecidas como líderes, realizamos uma pesquisa de opinião pública[2] com várias pessoas que ocupam posições gerenciais no mercado de trabalho. Foram realizadas 15 entrevistas — por *e-mail*, pessoalmente ou por telefone, respeitando a disponibilidade de cada entrevistado —, solicitando aos entrevistados que respondessem a um questionário com 10 perguntas, todas relacionadas aos seguintes temas: liderança, líder e competência de liderança. Procuramos também conhecer como os gestores entendem a liderança de equipes. Selecionamos alguns depoimentos que julgamos pertinentes e reproduzimos na íntegra alguns deles. As opiniões coletadas servirão como subsídio para a idéia de que a capacidade de liderar não está ligada apenas a características de ordem social. Vejamos um exemplo do cotidiano brasileiro.

Um empresário do ramo de cópias entrevistado por nós disse que, ao entrar em sua loja todas as manhãs, percebe quando o Renatinho está ou não está no trabalho, porque os outros funcionários se portam de maneira peculiar quando ele não está presente. Vale dizer que o Renatinho não é gerente nem ocupa nenhum cargo de destaque, ele apenas lidera o grupo. Sua liderança é exercida sem que para isso ele empreenda maiores esforços. O que será que faz com que Renatinho seja diferente dos outros funcionários da copiadora?

Quando interrogados, seus colegas assinalam que ele tem um jeito "firme e seguro de falar, passa tranqüilidade, principalmente quando a gente está atolado de trabalho".

---

[2] Procedimento um pouco mais sistemático para o estudo do comportamento é o usado na obtenção de informações por meio de entrevistas ou questionários nos conhecidos levantamentos e pesquisas de opinião pública. Aqui o investigador decide antecipadamente os tipos de comportamento nos quais está interessado e simplesmente pergunta aos indivíduos o que fazem, como se sentem ou do que gostam. Para a confecção do livro, realizamos uma adaptação desse procedimento de pesquisa.

Para você refletir

Esse exemplo, entre muitos, aponta-nos que a característica fundamental de um líder está naquilo que ele não diz, que transmite sem palavras. É sua postura que fala por ele.

Ser reconhecido como líder não é coisa simples, mas todos podemos, com esforço, estudo e dedicação, tornar-nos líderes competentes. Para tal, é necessário desenvolver a capacidade de adequar nosso estilo pessoal ao que fazemos. Isso é possível na medida em que cada um, por meio da aquisição de conhecimentos, desenvolva e aprimore suas habilidades até que possa interagir com o grupo, obtendo resultados e o reconhecimento como líder do grupo. Vimos que Gandhi e madre Teresa, assim como tantos outros líderes, diferem entre si por almejarem objetivos distintos, mas o principal ponto em comum que eles apresentam é a fé naquilo que estão fazendo!

Acreditar e trabalhar, incansavelmente, em busca do objetivo nos parece ser o elemento comum a todos que conseguem, de fato, ser líderes reconhecidos e respeitados. Para ilustrar o que é ser líder no senso comum do mercado de trabalho brasileiro, apresentamos alguns depoimentos dos gestores que participaram de nossa pesquisa de opinião pública.

> O conceito de líder, muitas vezes, é confundido com o de chefe, aquele que dá ordens, que comanda, que controla, que concentra poder sobre outros, principalmente dentro das organizações. Entretanto, ser um líder, no meu entendimento, não tem nada a ver com o título formal que alguém poderia ter numa hierarquia organizacional. É exatamente o contrário: é a qualidade do indivíduo que adota a cooperação sublimando a competitividade exacerbada, a lealdade e a pureza de intenções, superando o exercício solitário do poder decisório. O verdadeiro líder transmite uma mensagem, que ressoa na mente ou no coração das pessoas, fazendo com que o sigam. Promove transformação individual e social. É coerente com sua missão e sua mensagem. Por seus valores estarem em

continua

harmonia com o bem comum, o líder não tem medo. Fica à vontade consigo mesmo em qualquer situação, porque não tem segredos. Sua atitude desarmada e desembaraçada o torna poderoso. Servir é o verbo a ser conjugado em todos os tempos e condições. Requer autocontrole, algo muito mais desafiador do que o controle de outros.

Sra. M. S.
Cargo: chefe de departamento
Ramo de negócio: serviço público

Ser líder é fazer com que o outro faça o que você precisa sem que isto se torne um peso ou uma obrigação. Na verdade, liderar é administrar perfis em prol de um objetivo. Ser líder é observar e principalmente acreditar no potencial de uma equipe ou de uma pessoa.

Sra. M. M.
Cargo: gerente financeira
Ramo de negócio: indústria têxtil

Líder é aquele capaz de suscitar em seus empregados o compromisso com o objetivo, através da influência, carisma, capacidade e organização. Também é capaz de gerenciar conflitos e interesses através de seus atos e pulso firme.

Sr. L. A.
Cargo: proprietário
Ramo de negócio: serviços de fotocópias

O líder possui carisma, que é o magnetismo de atrair as pessoas não por aquilo que ele diz e sim por aquilo que ele faz. O líder natural é aquele que consegue que as pessoas façam o que ele quer sem que as mesmas percebam que estão fazendo, sem serem cobradas. As pessoas passam a ter vontade de fazer o que ele quer que elas façam. Elas passam a ser

continua

sócias, aderem à idéia do líder de modo natural sem a pressão do poder do líder, de modo sereno. A verdade do líder passa a ser a verdade do liderado.

Sr. J. D.
Cargo: empresário
Ramo de negócio: copiadoras

Liderança é um componente etéreo e implica três variáveis:
- ❏ ser senhor de técnicas de gestão;
- ❏ embasamento histórico, ter noção dos episódios econômicos que se repetem ao longo da história. Cabedal de conhecimento, ver melhor para se antecipar a momentos de crise e de riqueza. Possuir cabedal técnico e visão histórica é estar apto a atuar na atualidade;
- ❏ a mais importante das três variáveis e o que baliza o líder é ser apetrechado em psicologia, saber avaliar cada componente de sua equipe, conhecer o que cada um pode dar, isto é, conhecer as forças e fraquezas para extrair o que há de melhor de cada um. Em síntese, ser líder é saber administrar perfis.

Sr. F. W.
Cargo: presidente
Ramo de negócio: indústria têxtil

E você, leitor, que conclusões pode extrair dessas opiniões a respeito dos conceitos de líder e de liderança? Percebemos uma certa tônica nos depoimentos: o líder é visto como uma pessoa que deve possuir competências diferenciais e, por vezes, como assinalado, as características dos líderes se fundem com os aspectos situacionais da liderança. Há senso comum acerca da liderança como um processo e quanto ao fato de que o líder conta com certas características, atributos e comportamentos que facilitam o exercício da liderança. Os conceitos se fundem numa relação dinâmica e a tentativa de isolá-los conceitualmente parece tarefa impossível. Esse tema nos parece inesgotável, caro leitor!

Agora, leitor, queremos convidá-lo a deixar seu depoimento em nosso livro. Quem sabe você possa escrevê-lo de modo a articular algo do que foi discutido até aqui e contribuir para uma nova compreensão dos aspectos envolvidos no exercício da liderança?

Nome: _____

Cargo: _____

Ramo de negócio: _____

O que é liderança

A liderança pode ser definida como um fenômeno tipicamente social, é o esforço que se efetua para influir no comportamento dos outros com o intuito de que se atinjam os objetivos organizacionais, individuais e pessoais. Então, ao delimitarmos os aspectos que caracterizam uma pessoa como líder, verificamos a necessidade de aprofundar um pouco mais o entendimento sobre as competências que regem o comportamento do líder em sua arte de liderar pessoas. Com isso, verificamos que liderança de equipes, além de ser a expressão mais visível da competência de liderança, também se estrutura no processo de equilíbrio entre o perfil do líder, o perfil da equipe e o contexto organizacional. Desse modo, a liderança de equipes será a resultante desses conceitos combinados.

Exercer a liderança é fator conjuntural que nem sempre será responsabilidade daquele que está na posição de comando. Segundo DuBrin (2003), a liderança não é apenas o domínio de uns poucos membros da alta gerência. Hoje em dia, a habilidade de assumir as responsabilidades é importante em todos os níveis de gerenciamento. Além disso, a ênfase atual em equipes significa que todos os segmentos da organização necessitam de líderes eficazes de equipe.

Ao considerarmos os aspectos relacionados ao surgimento da liderança de equipes – líder, equipe e contexto situacional –, vamos passar a compreender um pouco melhor a combinação entre conhecimento, habilidades e atitudes na qual se estrutura uma competência.

❑ *Conhecimento*. "O conhecimento (...) se adquire estudando, seja em sala de aula, em casa, sozinho ou em grupo. A única maneira de adquirir um conhecimento é pelo estudo" (Boog, 2001:39). Entende-se que o conhecimento é o elemento da competência de mais fácil acesso. Sua característica principal é estar relacionado aos processos conscientes do comportamento, ou seja, o indivíduo, de acordo com suas convicções, possui relativo controle sobre ele. Quanto mais conhecimento adquirido, maiores as possibilidades de ampliação da visão de mundo e conseqüente ganho em diversas outras competências como: ética, flexibilidade, criatividade, relação interpessoal, entre outras. O elemento conhecimento é a porta de entrada para a transformação de potencial em competência.

❑ *Habilidades*. "Habilidades se desenvolvem por meio de exercício. Isto vale tanto para habilidades motoras (por exemplo, dirigir uma empilhadeira) como para intelectuais (...) e afetivas (como negociar, atender um cliente, incentivar pessoas etc.)" (Boog, 2001:40). Ao avançarmos na compreensão da estrutura de uma competência, é necessário aprofundar um pouco mais o conhecimento sobre os aspectos psíquicos[3] que estão em jogo no comportamento de uma pessoa. Quanto às facilidades de acesso, podemos dizer que as habilidades apresentam um caráter híbrido, por estabelecerem contato tanto com conteúdos da consciência quanto com conteúdos inconscientes. Uma habilidade diz respeito mais ao saber fazer, isto é, ao se colocar em prática o conhecimento adquirido. Sua dinâmica é transformar e equalizar as três instâncias que a constituem: cognitiva, motora e afetiva. As habilidades se aprimoram com o exercício contínuo e há diversas maneiras de implementá-las, por meio de treinamentos específicos, tais como *workshops*, aprendizagem vivencial, jogos e simulações, que são com freqüência os mais utilizados.

☐ *Atitude.* "A atitude é concebida como uma estrutura tridimensional que tem caráter ao mesmo tempo cognitivo (julgamento, crenças e saberes), afetivo (sentimentos favoráveis ou desfavoráveis) e conativo (tendência de ação). É o elemento conativo que prediria melhor o condicionamento e/ou a aprendizagem social" (Doron e Parot, 1991:90). As atitudes são respostas de natureza predominantemente inconsciente e são estabelecidas nas interações com o outro semelhante. É difícil definir com precisão a palavra atitude, todavia, podemos sintetizar o termo como a face do eu que aparece ao outro — por exemplo, o jeito especial de ser daquele professor, ou o jeito firme do Renatinho citado por um de nossos entrevistados. No fim das contas, essas são

---

[3] Aspectos psíquicos: o conteúdo da mente se diferencia em três instâncias — consciente, pré-consciente e inconsciente. Neste livro, estabelecemos uma correlação entre o aparelho psíquico (mente), suas instâncias e a competência com seus elementos: conhecimento — consciente; habilidade — pré-consciente; atitude — inconsciente. Somente os conteúdos que resultam dos processos do eu podem ser conscientes, mas nem tudo que o eu produz é consciente (Aguiar, 2005).

descrições do senso comum, utilizadas para caracterizar a pessoa do líder. As atitudes são passíveis de desenvolvimento, entretanto não podem ser apreendidas nem avaliadas diretamente. As mudanças de atitudes são de ordem subjetiva e só podem ser dimensionadas por meio da mensuração das competências.

Para visualizar a dinâmica constitutiva da competência, utilizaremos a comparação da interação entre os elementos conhecimento, habilidade e atitude com o ato de tomar chá (informação verbal).[4] Imagine o chá sendo preparado: colocamos a planta de que será feito o chá no fundo de uma xícara e despejamos sobre ela água fervente (ver figura 2). O chá não deve ser adoçado — o doce serviria como estímulo enganador. Observe, leitor, o que aparece na parte superior da xícara representa o conhecimento; na parte intermediária da xícara, temos a habilidade; na parte inferior, no fundo da xícara, temos a atitude; e a chave que os integra é a competência. Essa comparação metafórica nos servirá de representação do desenvolvimento da competência. Para que uma competência seja evidenciada, a pessoa deverá ter acesso ao conhecimento, que corresponde a começar a tomar o chá que está na xícara. Na medida em que temos acesso a mais informações e que as sistematizamos de algum modo, tem-se o conhecimento. Para que ela venha a utilizar seus conhecimentos de maneira eficaz, deverá exercitar suas habilidades, que corresponde à parte intermediária, logo abaixo da superfície. Nesta etapa, o chá está mais concentrado, porém mais frio, e já fica mais difícil continuar a tomá-lo. Por isso, para alcançar essa parte do chá, será necessário que a pessoa aplique maior esforço, tempo e

---

[4] Metáfora criada e utilizada pela profa. Damáris Vieira Novo em aulas expositivas.

dedicação, aprofundando os conhecimentos, exercitando-os e praticando para desenvolver suas habilidades. E, para alcançar o chá que está mais no fundo da xícara, será preciso ainda mais vontade, exigindo uma mudança de atitude para provar da essência do chá que está no final e tem resquícios da planta utilizada para o seu preparo. Se colocarmos em ação os conhecimentos acumulados, as habilidades desenvolvidas e a mudança de atitude, teremos como resultado o surgimento de uma competência. Para sintetizar, entendemos como competência a transformação de conhecimentos, habilidades e atitudes em resultados práticos. Portanto, o que caracteriza a especificidade do conceito de competência é a idéia subjacente de resultado.

Com o propósito de demonstrar a competência a partir do exemplo da xícara de chá, imagine-se sorvendo o chá, tentando visualizar e distinguir o líquido que está na superfície, o líquido que atingimos ao chegar à parte intermediária da xícara e o chá que está no fundo da xícara.

Figura 2
XÍCARA DE CHÁ

Competência de liderança

O sentido original da palavra competência é de natureza jurídica e se refere ao respeito pelo poder que tem uma certa jurisdição de conhecer e decidir sobre uma causa. Por uma transição gradual, o significado foi sendo estendido, passando o termo a designar a capacidade de alguém para se pronunciar sobre determinado assunto, fazer determinada coisa ou ter capacidade, habilidade, aptidão e idoneidade. Na atualidade, competência tornou-se uma palavra difundida, com freqüência, nos discursos sociais e científicos.

Entretanto, não se trata simplesmente de modismo, porque o caráter relativamente duradouro do uso desse conceito nessa acepção e a existência de uma certa congruência em relação ao seu significado, em esferas como as da educação e do trabalho, podem ser reveladores de mudanças na sociedade e na forma como um grupo social partilha certos significados.

Nesse sentido, o termo competência não é só revelador de certas mudanças, como também pode contribuir para modelá-las, ou seja, comparece no lugar de certos conceitos, ao mesmo tempo que modifica seus significados.

Podemos dizer, de modo geral, que o termo competência vem substituindo a idéia de qualificação no domínio do trabalho e as idéias de saberes e conhecimento no campo da educação. As razões da invasão do termo competência nas diferentes esferas da atividade social são difíceis de precisar, embora, no caso da educação e do trabalho, possam estar associadas a uma série de movimentos geradores de concepções nesses dois campos, bem como às inter-relações entre eles. Dado esse caráter polissêmico da noção de competência, trata-se de precisar em que sentido pretendemos utilizá-la (PCN, 2002).

A figura 3 apresenta um conceito da relação entre habilidade e competência. Caminhamos no sentido de diferenciar um pouco mais o termo líder do termo liderança, que vem a ser a ação exercida sobre um grupo de pessoas. A posição de chefia de uma equipe não implica necessariamente exercício de liderança. Também compreendemos que o ato de liderar implica atributos e competências necessárias ao indivíduo e que devem ser incorporadas e apropriadas por ele, visando responder às demandas de sua equipe. A competência de liderança constitui-se em "habilidades pessoais e conhecimentos técnicos de influenciar e conduzir pessoas para diversos fins ou objetivos" (Resende, 2000:59).

Figura 3
RELAÇÃO ENTRE HABILIDADE E COMPETÊNCIA

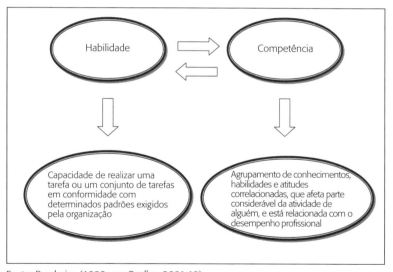

Fonte: Pombeiro (1999; ver Coelho, 2001:18).

Concluindo, vimos que, para ser reconhecido como líder, o indivíduo deve em diferentes situações ser coerente com as suas atitudes, inspirar confiança e apoio entre as pessoas de cuja competência e compromisso depende o desempenho. Ser líder é possuir um perfil que conquiste as pessoas mesmo de boca fechada.

Algo da ordem do impalpável está relacionado aos aspectos inconscientes do indivíduo, e as pessoas comuns, que não dispõem desses aspectos *a priori*, devem desenvolver-se por meio das relações com os pares, superiores e empregados, num processo contínuo de autogerenciamento.

Estar à frente de uma equipe e ver sua liderança reconhecida é possível a todos, desde que se empenhem para isso. O cargo ou função poderá colocar o indivíduo na chefia de um grupo; entretanto, para exercer a liderança, o indivíduo deve possuir, pelo menos, o consentimento do grupo a ser liderado. Caso contrário, será apenas uma chefia, uma hierarquia de cargos, um dispositivo formal, um arranjo por classes, um consentimento entre pessoas por um motivo qualquer, seja de ordem pessoal, política, econômica, social ou cultural.

Para que a liderança seja genuinamente exercida, o grupo deve comungar de uma identidade comum e sentir-se conduzido, persuadido, acolhido e reconhecido pelo líder. É o sentido de pertencimento que determinará se uma liderança está sendo exercida de fato.

A liderança, como efeito sinérgico, ocorre de forma espontânea e as pessoas envolvidas se sentem de fato confiantes, têm plena liberdade de expressão e podem divergir. As diferenças individuais são administradas para possibilitar a sinergia do grupo. Esse aspecto é fundamental para o sucesso de uma liderança, tendo em vista um grupo de pessoas não se resumir a um somatório de perfis e sim a um rearranjo, reagrupamento, que se configurará com outro perfil híbrido com características próprias, que demandará do líder posturas sempre flexíveis e inovadoras.

Em última análise: exercer a liderança é fator conjuntural que nem sempre será responsabilidade apenas daquele que está na posição de comando.

Para você refletir

Nas empresas, é comum ouvirmos dizer que o chefe é um líder e que exerce uma boa liderança. Devemos questionar se essa liderança não está sendo confundida com o poder atribuído à pessoa que ocupa o cargo. Como disse DuBrin (2003:264), "embora a liderança seja uma função principal do gerenciamento, não é a mesma coisa que gerenciamento".

As pessoas da equipe se vêem envolvidas de tal forma nas relações que não são isentas o suficiente para avaliar se são lideradas ou se são, muitas vezes, coagidas a pensar que estão sendo conduzidas por um líder. Podemos dizer que, para existir liderança, é necessário que o grupo construa sua identidade em torno de elementos comuns e o líder favoreça a liberdade de expressão.

Sabemos que quanto mais o líder possibilita espaço de interlocução com os liderados, mais ele estará criando um elo invisível que faz com que as pessoas o respeitem e o sigam. A expressão de idéias e seu acolhimento pelo líder favorecem sobremaneira o fortalecimento das relações. Assim, leitor, se você quer de fato liderar, deixe as pessoas falarem, pois desse modo elas têm a possibilidade de se escutar e, por meio da expressão de seus pensamentos, é possível ao líder criar um ambiente de comprometimento extremamente favorável ao fortalecimento das relações.

Essa afirmativa se baseia na experiência dos profissionais entrevistados e nos parece válida como um fundamento para todo aquele que quer criar um ambiente propício a um trabalho criativo e inovador.

Lembre-se:

Se quer conquistar as pessoas, deixe-as falar.

Liderar uma equipe é como reger uma orquestra: um processo de sincronia e afinação dos instrumentos. Uma equipe que mereça essa denominação reconhecendo a liderança será resultado de um longo processo que inclui muitas idas e vindas, no qual os erros são aceitos e considerados possibilidade de crescimento. Entendemos que todas as pessoas que compõem uma equipe apresentam uma infinidade de potencialidades que devem ser desenvolvidas pelo líder. "As pessoas são um infinito para dentro."[5]

Neste capítulo, apresentamos conceitos sobre líder e liderança, com o intuito de facilitar a compreensão de ambos os termos e procurando desmistificar algumas idéias sobre líder e liderança. Para melhor ilustrar o entendimento desses conceitos, apresentamos opiniões, com base em uma pesquisa por nós realizada com pessoas que ocupam cargos gerenciais no mercado de trabalho brasileiro. Definimos ainda conhecimento, habilidades e atitude, de modo a permitir uma melhor compreensão do conceito de competência, necessário à introdução do conceito de "competência de liderança", denominação que nos parece mais adequada ao contexto atual.

No próximo capítulo, veremos alguns atributos e teorias referentes ao líder, bem como suas particularidades individuais, ou seja, os estilos de liderança.

---

[5] Essa frase foi recolhida em um de nossos debates em sala de aula.

2

Estilos de liderança

Neste capítulo, iremos refletir sobre os estilos de liderança e sua influência nas equipes de trabalho, ou seja, no ambiente organizacional. Entendemos por estilo de liderança as qualidades, os atributos, que distinguem uma maneira de liderar das outras e como isto afeta a forma de atuação do líder na sua relação com os outros, os liderados. Assim, o estilo é a maneira de agir por meio da qual o líder pode expressar sua singularidade, sua marca pessoal; é o conjunto de características e tendências particulares que são expressas no ato de liderar. O estilo não é determinista, reducionista, mas é algo que distingue o líder e o faz ser lembrado de modo singular por todos aqueles com os quais trabalha.

Para ajudá-lo, leitor, na identificação do estilo de liderança que, de acordo com o nosso entendimento, facilitará a correlação com seu próprio estilo, utilizaremos alguns deuses e deusas da mitologia grega, a teoria tipológica de Jung e a abordagem da liderança situacional. Vejamos.

Deuses mitológicos e estilos de liderança

Para iniciar, escolhemos os deuses e as deusas como metáforas de atitudes e características que encontramos nos estilos de liderança. Os deuses mitológicos são imagens arquetípicas[6] que representam padrões evolutivos da atitude psicológica e da conduta dos seres humanos. Ou seja, existe uma semelhança de características entre cada divindade e o estilo de liderança que iremos descrever. Como o mito fala de uma linguagem universal e descreve padrões comuns encontrados em todos os indivíduos, temos uma perspectiva mais objetiva para poder entender os atributos de liderança que veremos neste capítulo.

Além disso, a preferência na escolha por determinados deuses e deusas, entre tantos da mitologia, foi por mais se aproximarem dos estilos de liderança que vimos pesquisando ao longo de nossa experiência como empregadas e consultoras em organizações públicas e privadas.

A seguir, descrevemos sucintamente os deuses como os arquétipos escolhidos e suas atribuições.

Zeus

Inicialmente foi concebido como divindade do céu e dos fenômenos atmosféricos, mas pouco a pouco assumiu a autoridade do deus supremo. De acordo com o *Dicionário de mitologia greco-romana* (1976), Zeus é considerado o pai dos deuses, pois tem autoridade sobre todos os deuses e, como tal, é reconhecido por todos. Preside os fenômenos atmosféricos, recolhe

---

[6] Arquétipos são padrões de comportamento pertencentes à espécie humana que fazem com que os indivíduos tenham uma forma de perceber a realidade e a conduta de uma maneira coletiva. Para Morgan, "arquétipos são temas poderosos que auxiliam as pessoas a dar sentido às suas experiências e são utilizados repetidamente para criar padrões de significado" (Morgan, 1996:232).

e dispersa as nuvens, comanda as tempestades, cria os relâmpagos e o trovão. À sua vontade, lança com sua poderosa mão direita o raio destruidor, mas também manda chuva benéfica para fecundar a terra e amadurecer os frutos. Quando destrona o pai, Cronos, organiza o espaço.

É também o arquétipo do pai provedor; contudo, sua generosidade é motivada pelo desejo de controlar sua prole, estando vinculada às expectativas que tem a respeito de seus filhos. É considerado o deus da ação pela hierarquia. A Zeus não se questiona, ele nunca tem dúvidas de suas decisões. Zeus também não tolera indisciplina.

Devido à sua necessidade de criar continuamente, Zeus tem muitos filhos e esses dão continuidade ao seu trabalho. Tem de se sentir participando de tudo; é o deus disseminador de idéias. Seus símbolos são o raio, o cetro e a águia.

Podemos identificar como seus principais atributos:

❑ assertividade;
❑ habilidade em promover a ordem;
❑ criatividade;
❑ mostrar-se como realmente é;
❑ capacidade de correr riscos;
❑ enxergar o futuro no presente;
❑ autoridade e poder;
❑ estrategista e solucionador de problemas;
❑ persistência.

É interessante observarmos muitos exemplos desse princípio energético em nossa atual cultura organizacional. O líder que aprecia o uso do poder como Zeus demonstra padrões típicos de comportamento, pois depende muito de sua autoridade para dirigir os outros. Geralmente, podemos identificá-lo como aquele líder que batalha muito, que nunca se dá por vencido até alcançar o que deseja. É o tipo que nasceu para dar ordens e não para ser mandado. Exige obediência às suas idéias e controla o trabalho dos empregados de acordo com seus próprios julgamentos e decisões. Assume responsabilidade pelos resultados.

Cronos

Como tem medo de ser destronado, Cronos engole os filhos ao nascerem. Come todos, exceto Zeus, que mais tarde assume o seu lugar. Zeus dá ao pai um remédio que o faz vomitar os filhos, e logo depois o destrona e exila para o interior da terra, o Tártaro, reduzido à condição de simples mortal. Cronos escapa e vai para as montanhas do Lácio, na Itália, onde assume o nome de Saturno. Lá, é bem recebido pelo povo e pelo rei Jano. Em troca, Saturno (Cronos) ensina-lhes as leis, as artes e a linguagem. O rei Jano aproveita as lições do tempo e a experiência para governar seu povo com sabedoria.

Cronos quer dizer Tempo, o Tempo que devora, que marca os limites, não se sacia dos anos e consome todos aqueles que passam.

Cronos representa o controle, o limite, a lei, ordem e disciplina, a construção do futuro, assim como a igualdade e justiça para todos, a tradição, a dificuldade em aceitar aquilo que não seja oficial, acadêmico ou institucional. Seu símbolo é a foice.

Destacamos como principais atributos de Cronos:

- controle;
- limite;
- ordem e disciplina;
- senso de igualdade e justiça para todos;
- tradicionalismo;
- conservadorismo;
- lealdade.

Podemos identificar com esse princípio aqueles líderes com características que podem tornar-se conservadoras, com uma estrutura rígida. Os líderes com esse perfil manejam bem os recursos administrativos, planejando de forma eficiente suas tarefas, e gerenciam bem seu tempo. Sentem-se mais à vontade ao gerenciar em ambientes onde ocorrem poucas mudanças e são leais por muito tempo às organizações onde trabalham. Abordam de forma sistemática e organizada os problemas que aparecem.

Possêidon

Possêidon é o senhor das águas salgadas e doces, desafia sempre os outros deuses e entra em discussões e conflitos com eles. Governa com uma calma imperturbável o fundo do mar, sua morada, sabendo tudo quanto se passa na superfície das ondas. Se os ventos impetuosos causam injustos naufrágios, Possêidon aparece e, com serenidade, faz reentrar as águas no seu leito, levantando com o seu tridente os navios presos nos rochedos ou encalhados nos bancos de areia, anulando toda a desordem causada pelas tempestades.

Possêidon é também um deus de ações inesperadas, pois pode sacudir a terra e os mares, provocando tormentas, maremotos e terremotos. Tem reações intempestivas com oscilações de extremos, pode ser opressor ou afetuoso.

Possêidon, além de temperamental, é considerado um deus que governa pela inspiração, que administra pelas relações afetivas, influenciando os outros para que produzam, incentivando-os a colocar para fora o que têm de melhor. Seu símbolo é o tridente. Seus animais são o cavalo, símbolo das fontes, e o touro, símbolo do seu poder fertilizador e da sua impetuosidade.

Consideramos seus atributos:

- inspiração;
- habilidade nas relações interpessoais;
- capacidade de incentivar;
- desafio;
- capacidade de influenciar os outros a se transformarem;
- compaixão.

Identificamos com essas características os líderes inspiradores, persuasivos, motivadores, com tendências paternalistas. Geralmente, são líderes que preferem a solução de problemas imediatos a utilizar grande parte de seu tempo nos processos de planejamento. Seus empregados sentem-se à vontade para ir em busca dos resultados traçados. Procuram integrar as necessidades individuais dos empregados com os propósitos da organização. Embora costumem dar autonomia aos seus empregados, esses líderes, assim como Possêidon, podem tornar-se temperamentais, apresentando mudanças de humor, o que pode afetar as relações interpessoais e os resultados do trabalho.

Hades

É o senhor do submundo, do reino subterrâneo. Possui um capacete que o torna invisível e acredita-se que, com seu carro, venha ao mundo para buscar as almas dos mortos. É o deus das riquezas porque domina nas profundezas da terra, de onde manda prosperidade e fertilidade. Hades é também visto como um deus ganancioso, sempre preocupado em aumentar seus súditos.

Quando necessário, Hades sai das profundezas para ajudar Zeus contra os gigantes Titãs.[7]

---

[7] Titãs — gigantes, filhos de Urano (Céu) e de Gaia (Terra).

É considerado um deus impiedoso, severo e amargo, mas não maligno, por isso a dificuldade em ser compreendido. Como tem acesso ao mundo dos mortais sem ser visto, controla informações para seu próprio benefício. Seu símbolo é a cornucópia[8] ou o cão Cérbero.[9]

Como seus principais atributos, destacamos:

- controle de informações;
- conhecimento de tudo que acontece;
- utilização do raciocínio lógico;
- previsão dos acontecimentos futuros;
- imparcialidade.

Podemos identificar o princípio energético de Hades naqueles líderes que não fazem questão de aparecer, preferem manter-se nos bastidores, incógnitos, controlando por meio das informações que obtêm. São vistos, muitas vezes, como eminência parda, não aparecem, mas controlam tudo que está por trás dos processos administrativos. Nas decisões, consultam opiniões, manipulam a participação e fazem concessões para atender soluções políticas que levem à direção das suas metas individuais e da organização. Procuram demonstrar firmeza e justiça, por meio da imparcialidade.

Deusas da mitologia grega

Como atualmente tem aumentado o contingente de mulheres assumindo a coordenação de equipes, escolhemos algumas deusas por considerar que serão úteis, leitor, na identi-

---

[8] Cornucópia — corno mitológico que simbolizava a abundância.
[9] Cérbero — cão de múltiplas cabeças, serpentes em volta do pescoço e mordida muito venenosa.

ficação das formas femininas de manifestação dos estilos de liderança.

Acreditamos que as deusas gregas são poderosos arquétipos, responsáveis pelas principais diferenças femininas e, com o seu conhecimento, as mulheres líderes passam a ter maior consciência dos atributos que as influenciam. Para Bolen (1990:21-25),

> o que é realização para um tipo de mulher pode não fazer sentido para outro tipo, dependendo de qual "deusa" esteja atuando na pessoa. (...) Quando a mulher sabe quais "deusas" são as forças dominantes no seu íntimo, ela adquire autoconhecimento a respeito: a) da força de certos instintos, b) das prioridades e habilidades e c) das possibilidades de encontrar significado pessoal através de escolhas que nem todos poderiam encorajar.

Além disso, os padrões das deusas podem proporcionar a compreensão do que motiva ou frustra nos relacionamentos interpessoais a partir da identificação que se estabelece com determinada deusa em dada situação.

Vejamos a descrição das quatro deusas gregas e seus principais atributos.

Hera

Hera representa um sistema matrilinear. É protetora do casamento, das mulheres casadas, das crianças e dos lares. Esposa e irmã de Zeus, Hera reina com certa arrogância e demonstra inclemência. É uma deusa autoconfiante e com retidão inabalável, tem domínio sobre si mesma e quase sempre sobre as demais pessoas. Sua principal característica é tomar conta de todos; controla e detém poder. É ciosa da imagem que os outros têm dela.

Seu símbolo é o cetro em cuja ponta há um cuco e uma pedra preciosa (granada) que representam o amor conjugal e a fertilidade. Seu animal é o pavão.

Identificamos como seus principais atributos:

❑ comprometimento;
❑ fidelidade e lealdade;
❑ controle e poder;
❑ diplomacia;
❑ autoconfiança;
❑ disciplina.

Hera, como entidade energética, aparece nas mulheres modernas com estilos de liderança matriarcal autoritária, podendo tornar-se uma forte oponente em qualquer choque de interesses. Até uma parte da vida, procura construir um lar e, geralmente, é uma boa anfitriã, ajudando o parceiro a construir uma carreira, como sua primeira-dama, seu *alter ego*. É disciplinadora com os que a rodeiam, especialmente a família, educando os filhos para que espelhem seus valores. Depois de perceber que a vida familiar está organizada, passa a dedicar-se à carreira profissional, levando suas características matriarcais para o ambiente de trabalho. Pode tornar-se uma líder autoritária, dando sugestões, sentindo-se mais à vontade em equipes que reforçam sua posição, que congregam os mesmos valores. De acordo com Woolger (1995), Hera sabe de antemão o que deseja e manobra todos, de forma educada e cortês, para que seus objetivos sejam atingidos. Raramente chega ao poder partilhando a carreira com seus parceiros. Geralmente, assume sua carreira sozinha, ascendendo a cargos executivos ou dirigindo sua própria empresa.

Deméter

Deméter é a deusa que simboliza os ciclos da mãe terra. É a deusa das colheitas, concedendo aos mortais os frutos e os cereais. Quando Zeus permitiu que Hades lhe levasse a filha, Coré, para o submundo, Deméter deixou que a terra secasse, ocasionando fome à população. Agiu assim até que concordaram em sua filha vir à superfície durante duas estações do ano. Deméter se abrandou e as colheitas tornaram a florescer. Ela e a filha simbolizam os ciclos dinâmicos da natureza.

Deméter é um princípio feminino e com características maternais. É uma deusa cuja energia está ligada à nossa realidade física, especialmente à nutrição e manutenção das necessidades básicas, satisfação fisiológica e higiênica dos seus filhos. Seus símbolos são a espiga e o narciso. Seus animais são o grou e a porca.

Consideramos atributos de Deméter:

❑ cuidar;
❑ servir;
❑ autoridade;
❑ flexibilidade;
❑ inovação;
❑ naturalidade.

As mulheres líderes influenciadas por Deméter têm a característica de cuidar dos outros, preocupando-se mais com os outros que consigo mesma. Protegem, acolhem, ajudam aqueles que estão sob sua responsabilidade. Administram por meio de uma atitude maternal, que pode ser considerada positiva (nutridora) ou negativa (passional).

Perséfone

Para os gregos, é a rainha do submundo, esposa de Hades, que a seqüestrou quando era uma jovem donzela, filha de Deméter. Até então se chamava Coré; ao tornar-se esposa de Hades, amadurece e passa a chamar-se Perséfone. Vive uma parte de sua vida entre os espíritos e outra parte entre os mortais. Durante parte do ano (verão e inverno), vive no submundo, com o esposo, Hades, e nas outras estações do ano (primavera e outono), retorna à terra para ficar com sua mãe, Deméter. Perséfone representava, para os gregos, o ciclo anual da colheita, a semente que brota periodicamente da terra cultivável representada por Deméter. Seu símbolo é um archote (tocha) e, às vezes, uma papoula.

Como atributos dessa deusa, identificamos:

- discrição;
- modéstia;
- sensibilidade;
- reflexão;
- lealdade;
- renovação;
- abertura a mudanças.

Geralmente, as mulheres líderes com as características de Perséfone não nos impressionam à primeira vista, pois se apresentam de maneira discreta. Não gostam de aparecer, são modestas, quase "transparentes". Por outro lado, têm uma aura de mistério, demonstrando uma exterioridade formada sutilmente para preservar e esconder uma interioridade intensa. Demonstram necessidade de relacionamentos afetuosos e, quando permitem intimidade, podemos descobrir sua fortaleza interna. São líderes difíceis de ser entendidas, pois são reservadas, reflexivas. Gostam de comunicar-se utilizando símbolos, rituais, nas suas relações com os empregados, e suas decisões geralmente são intuitivas.

Atena

Deusa da inteligência, da indústria, das artes e, também, deusa da guerra. Mais tarde, torna-se a deusa da sabedoria.

Nasceu da fronte de Zeus, já adulta, e é considerada sua filha predileta. Desfruta da valentia, da coragem e da ousadia no campo de batalha, mas não mata sem sentido. Atena estabelece o domínio da lei e o conceito de misericórdia. Seus instrumentos simbólicos são a lança, o capacete, a égide. Seu animal preferido é a coruja e a planta, a oliveira.

Os principais atributos de Atena são:

- raciocínio objetivo e analítico;
- prudência;
- sabedoria;
- habilidade para soluções práticas;
- capacidade de reflexão;
- percepção estética;
- idealismo;
- justiça e equanimidade.

Atena personifica a líder moderna: independente, extrovertida, prática, inteligente, incansável. Essas mulheres têm muita preocupação com a carreira profissional e se dedicam ao que fazem. Geralmente, são profissionais bem-sucedidas e empreendedoras. Se os homens conquistam o seu respeito, podem ser leais companheiras.

Para resumir, leitor, listamos no quadro 2 os deuses e deusas e seus atributos.

Quadro 2
ATRIBUTOS DOS DEUSES E DEUSAS DA MITOLOGIA GREGA

Deuses e deusas	Atributos
ZEUS	Assertividade, habilidade em promover a ordem, criatividade, mostra-se como realmente é, capacidade de correr riscos, enxerga o futuro no presente, autoridade e poder, estrategista e solucionador de problemas, persistência

continua

Deuses e deusas	Atributos
CRONOS	Controle, limite, ordem e disciplina, senso de igualdade e justiça para todos, tradicionalismo, conservadorismo, lealdade
POSSÊIDON	Inspiração, habilidade nas relações interpessoais, capacidade de incentivar, desafio, capacidade de influenciar os outros para se transformarem, compaixão
HADES	Controle de informações, conhecimento de tudo que acontece, utilização do raciocínio lógico, previsão dos acontecimentos futuros, imparcialidade
HERA	Comprometimento, fidelidade e lealdade, controle e poder, diplomacia, autoconfiança, disciplina
DEMÉTER	Cuidar, servir, autoridade, flexibilidade, inovação, naturalidade
PERSÉFONE	Discrição, modéstia, sensibilidade, reflexão, lealdade, renovação, abertura a mudanças, flexibilidade
ATENA	Prudência, sabedoria, habilidade para soluções práticas, capacidade de reflexão, percepção estética, idealismo, justiça e equanimidade

A partir dos atributos identificados nos deuses e deusas citados, discorreremos, a seguir, sobre as atitudes e funções de liderança, conforme a teoria tipológica de Jung, que poderá ajudar, leitor, a identificação do seu próprio estilo, como também a aprender a respeito de outros estilos de liderança.

Tipos psicológicos de Carl Gustav Jung

Escolhemos a tipologia psicológica de Jung por esta descrever, de forma pragmática, o modo pelo qual os indivíduos percebem a realidade e se ajustam a ela. A tipologia é um instrumento eficaz para avaliação de temperamentos e compreensão dos modos de agir das pessoas. Em função disso, foram desenvolvidos vários testes, tais como o Quati (Questionário de Avaliação Tipológica), elaborado e testado por Zacharias

(2000), e o MBTI (*Myers-Briggs Type Indicator*), de Myers e Briggs (Myers, 1993), que são aplicados em empresas e escolas. Esses testes têm o intuito de favorecer o autoconhecimento dos líderes e empregados, ajudando-os no desenvolvimento e capacitação de suas habilidades e na melhoria das relações interpessoais.

Para Jung (1974), podemos ser classificados em tipos psicológicos conforme nossos hábitos, características pessoais, preferências e iniciativas. Essa descrição de tipo psicológico é definida em quatro pares opostos de funções. Em cada par, é analisado um grupo de características pessoais.

De acordo com Zacharias (1995:16), "a grande contribuição da tipologia junguiana é a introdução do conceito de energia psíquica e a atenção ao modo como uma pessoa se orienta preferencialmente no mundo". As contribuições de Jung, comparadas às classificações de autores anteriores a ele, são inovadoras, na medida em que vão além dos padrões de comportamento temperamental ou emocional.

Estudos sobre as diferenças pessoais levaram Jung a questionar: "será que existem pelo menos dois tipos diferentes de pessoas, um dois quais se interessa mais pelo objeto e o outro por si mesmo?" (Jung, 1987:35). A partir daí, ele identificou dois tipos de atitudes: extrovertidos e introvertidos.

Logo após a definição das atitudes (tipos), Jung definiu as funções psíquicas, classificando-as como função principal, auxiliar e inferior.

Quadro 3

TIPOS E FUNÇÕES SEGUNDO JUNG

Tipos — extrovertidos e introvertidos Função — modos de adaptação e percepção

A seguir explicaremos, sucintamente, cada uma delas. Entendemos como atitude, de acordo com a teoria junguiana, o foco para o qual preferencialmente direcionamos nossa atenção.

As pessoas com atitude extrovertida geralmente focalizam seu interesse no ambiente, no mundo externo dos fatos, pessoas e coisas. O mundo externo é seu orientador e seu campo de ação. Para Jung (1974:390), no tipo extrovertido "predomina a orientação segundo o objeto e o objetivamente dado, de modo que as principais e mais freqüentes decisões e ações estejam condicionadas, não por pontos de vistas subjetivos, mas por circunstâncias objetivas". E esclarece que

> o extrovertido tem opiniões subjetivas, mas a sua força determinante é menor do que a das condições objetivas exteriores. (...) O *interesse* e a *atenção* acompanham os acontecimentos objetivos, sobretudo os do mundo que nos cerca. Não só as pessoas, mas as coisas inspiram também interesse. Nesta conformidade, a maneira como *se atua* é igualmente influenciada por pessoas e coisas.
>
> (Jung, 1974:390-391).

Por outro lado, as pessoas com atitude introvertida focam o interesse a partir de seu mundo interno de impressões, emoções e pensamentos. Segundo Jung (1974:434-435),

> a disposição introvertida observa, sem dúvida, as condições exteriores, mas elege como decisivas as determinações de caráter subjetivo.
> (...) O tipo introvertido distingue-se do extrovertido pelo fato de que não se orienta, como o segundo, pelo objeto e pelo objetivamente dado, mas por fatores subjetivos. (...) o introvertido interpõe uma opinião subjetiva entre a percepção do objeto e sua própria atividade, impedindo que esta possua um caráter adequado ao objetivamente dado.

Zacharias (1995) ressalta que não devemos confundir os introvertidos com os tímidos, pois a timidez é caracterizada por uma constante ansiedade. O indivíduo tem receio de não ser aceito pelo grupo no qual deseja se incluir. Tanto extrovertidos quanto introvertidos podem ser tímidos.

Observe o quadro 4, leitor, e verifique com que atitude você se identifica.

Quadro 4
TIPOS DE ATITUDES

Extrovertidos	❏ Voltados para fatos, pessoas e coisas ❏ Orientados para o ambiente, o mundo externo ❏ Decisões e ações são condicionadas por situações objetivas
Introvertidos	❏ Voltados para pensamentos, emoções ❏ Orientados para o mundo interno ❏ "Vão das considerações para a ação e voltam para as considerações" (Zacharias, 1995:42)

Agora, vejamos as funções psíquicas que, para Jung, são: sensação, intuição, pensamento e sentimento. As funções são agrupadas em pares. As consideradas perceptivas ou irracionais são: sensação e intuição. E as funções de julgamento ou racionais são: pensamento e sentimento.

As funções perceptivas são definidas como a maneira pela qual uma pessoa prefere receber informações e, a partir daí, interpretá-las, processá-las e agir. Pessoas que preferem receber informações diretamente dos órgãos dos sentidos, de maneira prática e realista, que preferem relacionar-se com coisas objetivas e concretas, que não utilizam muito a imaginação, são consideradas do tipo sensação. De maneira oposta, pessoas que preferem planejar ao invés de executar vão além do dado concreto, procurando descobrir o sentido íntimo das coisas e suas futuras possibilidades, são consideradas do tipo intuição. Geralmente, este tipo apresenta pouca habilidade para lidar com tarefas concretas.

As funções de julgamento determinam de que forma uma pessoa prefere avaliar as informações que recebe e como toma decisões. Pessoas que preferem tomar decisões baseadas em análise racional, sem que haja influência dos valores pessoais, buscando padrões universais e coerentes, sendo imparciais em seus julgamentos, analisando de forma lógica, são consideradas do tipo pensamento. Opostamente, as pessoas do tipo função sentimento preferem decidir com base em seus próprios valores ou de outras pessoas, levando em conta o que sentem em relação aos outros. Alertamos, leitor, que a função sentimento, para Jung (1974), refere-se a uma dimensão valorativa das pessoas e coisas, e não deve ser confundida com emoção, sendo, assim, uma afetividade cognitiva. Simplificando, o pensamento diz o que é, e o sentimento, qual o valor.

As funções psíquicas perceptivas e de julgamento estão resumidas no quadro 5.

Quadro 5

FUNÇÕES PSÍQUICAS PERCEPTIVAS E DE JULGAMENTO

Funções perceptivas	
Sensação (Ss)	Preferem executar, são práticos e realistas Têm mais facilidade com as tarefas concretas Têm compreensão detalhada da situação São focados no presente
Intuição (In)	Preferem planejar Buscam o sentido íntimo das coisas e usam bastante a imaginação Têm concepção do cenário mais provável São focados no futuro
Funções de julgamento	
Pensamento (Ps)	Tomam decisões de forma racional, são imparciais Analisam de maneira lógica, impessoal, e fazem analogias com outras situações Possuem visão estratégica São focados no resultado
Sentimento (St)	Decidem baseados em seus próprios valores Levam em conta o que sentem em relação aos outros Possuem habilidade tática São focados nas pessoas

De acordo com Zacharias (1995:53),

> Jung nos diz que é praticamente impossível alguém desenvolver todas as suas funções psicológicas simultaneamente. Isso se deve às exigências sociais e às circunstâncias da vida de cada um. Essas exigências nos obrigam à diferenciação da função com a qual se está mais bem equipado pela natureza e que irá assegurar o melhor sucesso social. Geralmente, identificamo-nos com a função mais favorecida (e a mais desenvolvida), e isso é que dá origem aos tipos psicológicos.

É considerada função psíquica principal aquela que está mais facilmente de acordo com a nossa vontade consciente. É, também, a mais desenvolvida e mais usada no nosso dia-a-dia. Pode manifestar-se de forma introvertida ou extrovertida. A função auxiliar não é antagônica à principal, mas a complementa, contribuindo para uma melhor compreensão do tipo psicológico. Na figura 4 é apresentado o modelo tipológico de Jung, que favorece o entendimento das funções.

Figura 4
FUNÇÕES DE ADAPTAÇÃO E SEUS ANTAGONISMOS

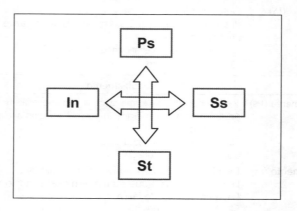

Quadro 6
DEUSES E DEUSAS, SEUS ATRIBUTOS, ATITUDES E FUNÇÕES

Deuses e deusas	Atributos	Atitudes e funções
ZEUS	Assertividade, habilidade em promover a ordem, criatividade, mostra-se como realmente é, capacidade de correr riscos, enxerga o futuro no presente, autoridade e poder, estrategista e solucionador de problemas, persistência	Atitude: extroversão Função principal: intuição
CRONOS	Controle, limite, ordem e disciplina, senso de igualdade e justiça para todos, tradicionalismo, conservadorismo, lealdade	Atitude: introversão Função principal: sensação
POSSÊIDON	Inspiração, habilidade nas relações interpessoais, capacidade de incentivar, desafio, capacidade de influenciar os outros a se transformarem, compaixão	Atitude: extroversão Função principal: sentimento
HADES	Controle de informações, conhecimento de tudo que acontece, utilização do raciocínio lógico, previsão dos acontecimentos futuros, imparcialidade	Atitude: introversão Função principal: pensamento
HERA	Comprometimento, fidelidade e lealdade, controle e poder, diplomacia, autoconfiança, disciplina	Atitude: extroversão Função principal: sensação
DEMÉTER	Cuidar, servir, autoridade, flexibilidade, inovação, naturalidade	Atitude: introversão Função principal: sentimento
PERSÉFONE	Discrição, modéstia, sensibilidade, reflexão, lealdade, renovação, abertura a mudanças, flexibilidade	Atitude: introversão Função principal: intuição
ATENA	Prudência, sabedoria, habilidade para soluções práticas, capacidade de reflexão, percepção estética, idealismo, justiça e equanimidade	Atitude: extroversão Função principal: pensamento

Temos, assim, 16 combinações de tipos psicológicos, ao correlacionarmos as atitudes e funções. Para simplificar, leitor, utilizaremos na classificação e identificação dos estilos de liderança, além da atitude, cada função como exemplo da função principal. Também é de importância fundamental estarmos atentos à função inferior, aquela que se opõe à função principal — por exemplo, se a função principal for sentimento (*St*), a função inferior será pensamento (*Ps*). A função inferior, por ser reprimida pela principal, interfere de maneira contrária aos nossos interesses, podendo agir independentemente da nossa vontade, obrigando-nos a enfrentar aspectos de nossa personalidade que rejeitamos.

A tipologia junguiana é um instrumento que nos auxilia a entender como nos relacionamos no mundo e nos transformamos no tempo e no espaço, ainda que mantenhamos nossas características. Assim, à medida que nos conhecemos e estamos dispostos a mudar, exercitamos, por meio dos nossos relacionamentos, nossa função inferior. Embora não possamos mudar nossa essência, podemos aprender a entender e exercitar nossas outras funções e a conviver e aceitar as diferenças nas outras pessoas.

No quadro 6, procuramos correlacionar os atributos dos deuses mitológicos com a tipologia psicológica junguiana. Vale lembrar, leitor, que os deuses são metáforas, formas emblemáticas de qualidades e atributos para os homens, e, como tal, não são tipos puros, assim não podemos "enquadrá-los" como personalidades específicas.

E você, leitor? Já se identificou com alguns desses atributos e funções? Sugerimos que formate seu próprio quadro.

No próximo item, vamos ajudá-lo um pouco mais a identificar seu estilo de liderança. Para tal, além dos modelos apresentados no quadro anterior, utilizaremos a teoria desenvolvida por Hersey e Blanchard (1986).

Muitos autores desenvolveram modelos de estilos de liderança, mas escolhemos a teoria da liderança situacional, pois acreditamos na facilidade de sua correlação às teorias de desenvolvimento de equipes e no treinamento para o trabalho colaborativo. A seguir, veremos cada um dos estilos de liderança situacional.

Liderança situacional

Segundo Hersey e Blanchard (1986), a teoria de liderança situacional nos contempla com uma idéia que difere das demais teorias quanto à postura de um líder de equipe, pois enfatiza a relevância de o líder ser capaz de mudar o seu estilo de acordo com a maturidade das pessoas com quem trabalha e com as situações que o cotidiano empresarial impõe. A maturidade para a tarefa e a maturidade psicológica são dois componentes que estão intimamente relacionados.

De acordo com essa teoria, a relação entre líder e liderados se desenvolve em quatro fases. Essas fases devem ser observadas simultaneamente, de maneira que facilite ao líder explorar o potencial de trabalho de seus empregados, ajudando-os a desenvolver a maturidade em relação ao trabalho que realizam.

A seguir, destacamos as quatro fases, nas quais são identificados os estilos de liderança associados às ações específicas de acordo com o grau de desenvolvimento do liderado.

❑ *Determinar.* O líder diz ao empregado "o que fazer", fornecendo instruções claras e específicas e supervisionando se a tarefa está sendo cumprida. Ele pode usar este estilo em três tipos de situações: quando se admite um empregado numa nova função, quando ocorre uma situação de crise e quando surge uma mudança repentina, percebida negativamente.

❑ *Treinar ou persuadir.* O líder continua a orientar o empregado, dizendo o quê e por quê, mas também busca sua contribuição, ouvindo suas opiniões, colocando-se à disposição para dirimir dúvidas, estabelecendo um diálogo autêntico quanto ao desenvolvimento e implementação das tarefas.

❑ *Apoiar ou compartilhar.* O líder dá autonomia aos empregados para execução de suas tarefas. Orienta o que precisam fazer e por que, mas confia que determinem como farão. Caso surjam dificuldades, o líder estará à disposição para apoiá-los.

❑ *Delegar.* O líder transfere poder decisório, autoridade para desenvolver tarefas de sua responsabilidade. Para tal, o líder deve saber que tarefa será delegada, se o empregado tem conhecimento e maturidade para desenvolvê-la. O líder deve conhecer bem o desempenho do empregado, para não precisar perder muito tempo em orientá-lo e apoiá-lo.

No quadro 7, apresentamos um resumo desses estilos de liderança.

Quadro 7
ESTILOS DE LIDERANÇA SITUACIONAL

DETERMINAR	Diz "o que fazer" Fornece instruções claras e específicas
TREINAR	Diz "o que e por que fazer" Ouve opiniões Solicita sugestões
APOIAR	Dá autonomia para execução das tarefas Apóia, quando necessário
DELEGAR	Transfere poder decisório Dá autoridade para desenvolver tarefas de responsabilidade da liderança

Os estilos da liderança situacional ajudam o líder para que ajuste seu estilo de liderança de acordo com o nível de maturidade e desenvolvimento de seus liderados, levando em conta a experiência de cada um, suas competências e a disposição em aceitar responsabilidades. Assim, leitor, como líderes, podemos escolher o estilo de liderança mais adequado, desenvolvendo comportamentos mais flexíveis. Para tal, é importante reconhecermos a capacidade de nossos seguidores, a situação com que se deparam e o nível de confiança que estabelecemos com eles.

Também é preciso desenvolver em nós a capacidade de integração com o outro, a flexibilidade e a criatividade, lembrando sempre que "autoridade não é autoritarismo e poder não é simplesmente controlar o outro ou a tudo, mas potência de criar e estar presente quando se faz necessário" (informação verbal).[10]

Esses modelos, escolhidos por nós, são os que identificamos como os mais utilizados nas organizações pelas quais temos passado. Sugerimos que você, leitor, faça também suas associações, usando os modelos que conhece e os correlacione com seu estilo de liderança.

Neste capítulo, abordamos os atributos do líder, utilizando os deuses e deusas da mitologia grega como metáforas que representam estilos de liderança singulares e integram características descritas pela tipologia junguiana. Apresentamos, também, os estilos de liderança situacional de Hersey e Blanchard.

No próximo capítulo, veremos os conceitos de grupos, equipes e equipes de alto desempenho que, acreditamos, vão ajudá-lo a compreender a correlação do seu estilo com o desempenho de sua equipe.

---

[10] Comentário da dra. Elizabeth C. Mello, terapeuta junguiana, numa reunião de professores coordenados por ela.

3

Grupos, equipes e equipes de alto desempenho

Neste capítulo, leitor, veremos as fases de desenvolvimento de um grupo e sua relação com os estilos de liderança situacional, bem como os fatores que influenciam os resultados dos trabalhos em grupo. Abordaremos, também, a definição de equipe, o que entendemos por desempenho de uma equipe de trabalho e por equipes de alto desempenho, temas bastante discutidos nas organizações nas quais trabalhamos.

Fases de desenvolvimento de grupos

Os estudos atuais no campo da psicossociologia procuram apreender algumas das características sob seu ponto de vista, renunciando a uma definição exaustiva do termo grupo. Aymard, um dos colaboradores do *Dicionário de psicossociologia*, recorre à etimologia da palavra "grupo", e nos dá a oportunidade de ilustrar uma perspectiva analítica. Ele nos diz que grupo vem

> do italiano *groppo* ou *gruppo* (1668), o termo é portador de uma *significação em tensão*. Do sentido primitivo, nó, agregado, pode-

se entender, por um lado, o que reúne, o que liga entre si vários elementos, e por outro, o que prende, o que aprisiona. O que liga e/ou o que imobiliza põe em jogo a natureza das relações entre as partes de um conjunto conforme essas relações serão diretas ou indiretas

(Aymard, 2002:87).

O conceito de tensão, como citado na definição etimológica, diz respeito à força que une pessoas distintas em torno de um objetivo comum. Em outras palavras, para que exista um grupo, é preciso haver uma tensão que una pessoas diferentes, onde a força do conjunto, guiada por essa vontade comum, vai concretizar algo impossível para um indivíduo sozinho.

> *Eu boto minha mão na sua*
> *Você bota sua mão na minha*
> *Para que juntos possamos fazer*
> *Algo que eu não poderia fazer sozinho*
>
> (Grito de guerra da companhia de teatro, UniRio)

Desse modo, a idéia de tensão como força que une, liga partes de um conjunto, foi primeiramente introduzida por Kurt Lewin (1973) em um de seus trabalhos experimentais. Ele também verificou que a interrupção de uma atividade antes de sua conclusão não provoca a supressão da disposição-tensão, uma vez que o objetivo comum, apesar de ser o mesmo para todos os membros de um grupo, passa pela interpretação individual de cada um. Assim, se um indivíduo, componente do grupo, se desligar desse grupo, a tensão não acaba, a disposição-tensão permanece ativa. Logo, conclui-se que a concretização da tarefa não é uma concretização objetiva de cada um individualmente, e sim o que o grupo considera o seu objetivo na situação.

A partir dessas e outras observações, Lewin construiu a teoria de campo para falar das forças que atuam em um grupo, modificando os comportamentos dos indivíduos que o compõem. Assim como Lewin, outros autores também contribuíram para a formulação de teorias sobre as fases do desenvolvimento de grupos e identificaram estágios na forma de interagir entre as pessoas e a construção do campo psicológico de pertencimento ao grupo. Dessa forma, "a vida de um grupo passa por várias fases e, em cada uma delas, os membros atuam de forma diferente duplamente: em relação à etapa de vida do grupo e em relação aos demais componentes" (Moscovici, 2002:125). Assim, a experiência vivida pelo grupo se constitui na resultante da transformação das forças atuantes em um comportamento ativo, em oposição ao comportamento estático individual.

Escolhemos, para nosso estudo, além de Lewin, os autores Bion e Schutz.

Bion (1970) criou o conceito de mentalidade de grupo e cultura de grupo para falar do que é comum a um grupo estabelecido a partir das divergências individuais.

Schutz (1989) enfatizou as modificações intersubjetivas provocadas nas interações entre os indivíduos. O que une esses três autores é a compreensão que cada um tem a respeito das fases de desenvolvimento de um grupo. Eles entendem que o grupo não é uma junção de pessoas semelhantes, mas se constitui através da interdependência de fatores dinâmicos. O grupo adquire uma forma com propriedades e realidades diferentes das propriedades e realidades dos indivíduos que o compõem. Um todo dinâmico surge da interação entre o campo de forças de um indivíduo atuando sobre outro indivíduo, modificando as condutas de ambos.

Cada autor divide o desenvolvimento de grupo nas fases inicial, intermediária e final. Lewin identificou, na fase inicial, o momento em que o grupo se está estruturando. Na fase intermediária, ocorre o início da mudança e, no momento final, tem-se a passagem para a ação. Para Schutz, na fase inicial, o grupo experimenta sentimentos de estar dentro ou fora; as pessoas ainda não estabeleceram uma interação de fato. A fase intermediária caracteriza o início do processo de mudança interna no grupo, e as demonstrações de poder ou submissão são mais explícitas. As lideranças emergem e os papéis ficam mais definidos. Na fase final, relações mais íntimas são estabelecidas. Para Bion, o grupo espera o apoio e o direcionamento por parte do líder na fase inicial. As relações, nessa fase de estruturação, tendem a ser mais superficiais. Na fase intermediária, as pessoas estabelecem interações mais confrontativas, resultando, na fase final, em aprofundamento das relações.

As fases não são estáticas e não ocorrem em seqüência tão estruturada, desde a inicial até a final. Um grupo pode iniciar sua estruturação pelo estágio final, caso já possua um relacionamento anterior a sua estruturação.

No quadro 8, resumimos cada fase de acordo com os autores mencionados.

Quadro 8
FASES DE DESENVOLVIMENTO DE GRUPO

Lewin	Schutz	Bion
Degelo: fase de estruturação do grupo, conhecimento do grupo. Quebra do gelo inicial, ansiedades, resistências	*Inclusão*: busca de atenção, aceitação, ser reconhecido pelos demais membros do grupo. Refere-se a "estar dentro" ou "estar fora". Fase de estruturação do grupo	*Dependência*: apelo por apoio e direção do líder. Confiança e estrutura definidas. Expressão de fraqueza, inadequação, ao invés de trabalhar no problema ou assunto
Experimentação/ mudança: início do processo de *feedback*, troca entre os participantes, início de mudança. (Mudança interna, compreensão do outro)	*Controle*: tomada de decisão entre os indivíduos, demonstração de autoridade e poder ou submissão e docilidade. Utilização dos sentimentos de competência, inteligência, pelos membros do grupo, visando influenciar ou exercer poder	*Luta*: interações confrontativas insistentes e zangadas. Ataques e depreciação. *Fuga*: desligamento, retirada ou envolvimento do diminuído
Congelamento: momento de reflexão sobre tudo o que ocorreu. Passagem para a ação	*Abertura*: sentimentos mútuos de amar e ser amado. Relações mais íntimas e pessoais, estabelecimento de vínculos. Relações de proximidade e afastamento	*União*: relações pessoais mais íntimas. Apoio a outro membro ou ao grupo

Fonte: Adaptado de Moscovici (2002).

Identificação com o líder do grupo

Com uma compreensão mais analítica e menos descritiva, Didier Anzieu utiliza uma construção metafórica para abordar as interações estabelecidas no grupo. Ele nos diz que "um grupo é um envelope que faz indivíduos ficarem juntos" (Anzieu, 1993:XII). Descreve o envelope como uma membrana de dois lados; um está voltado para a realidade exterior e o outro lado está voltado para a realidade interior dos membros do grupo. Pelo lado externo, o envelope grupal edifica uma barreira protetora contra o exterior, realizando um filtro que distingue energias a acolher e informações a receber. Na parte interna do envelope, é estabelecida a rede de regulamentos, de costumes, de ritos, de atos e fatos com valores próprios, atribuições de lugares dentro do grupo, particularidades de linguagem falada entre os membros e conhecidas somente por eles. Assim, permite o estabelecimento de um estado mental transindividual que Didier propõe chamar de si-mesmo do grupo. Este si-mesmo é imaginário e permite ao grupo a construção de uma realidade imaginária que, por sua vez, passa a ser um lugar dentro do qual uma circulação de identificações se processa, ativando as pessoas a sentirem o grupo como um corpo vivo, no qual cada um representa uma parte. Essa definição de grupo como um envelope ressalta a importância da promoção do sentimento de pertencimento a partir das identificações com o líder e com os pares. Sabemos que a identificação é conhecida pela psicanálise como a mais remota expressão de laço emocional entre as pessoas. Freud (1987) afirma que o laço mútuo existente entre os membros de um grupo é da natureza de uma identificação, baseada numa importante qualidade comum partilhada com alguma outra pessoa, suspeitando que esta qualidade comum resida na natureza do laço com o líder.

No exame de dois grupos, o Exército e a Igreja, Freud observou a existência de dois eixos estruturais: um eixo vertical, no qual se organiza a relação dos membros do grupo com seu líder, e um eixo horizontal, que representa a relação dos membros do grupo em si (ver figura 5).

Figura 5
EIXOS ESTRUTURAIS

Essas observações mostram que o eixo vertical, o vínculo com o líder, é determinante em relação ao eixo horizontal, que representa a relação entre os membros do grupo, constituindo, assim, as identificações tanto em nível horizontal — entre os membros do grupo — quanto no vertical — dos empregados e o líder.

Aqui, podemos utilizar como exemplo, além das teorias apresentadas, a teoria de grupos de Lundgren (ver Moscovici, 1995), que associa as inter-relações entre os membros do grupo e o líder. Correlacionamos, no quadro 9, as fases de grupos com os estilos de liderança situacional com o intuito de ajudá-lo, leitor, a fazer as comparações das teorias com sua prática cotidiana.

Quadro 9

RELAÇÕES DAS FASES DE DESENVOLVIMENTO DE GRUPOS E OS ESTILOS DE LIDERANÇA SITUACIONAL

Estágios ou fases de desenvolvimento de grupos	Lewin	Schutz	Bion	Lundgren	Estilos de liderança situacional
Fase inicial	*Degelo* Fase de estruturação do grupo, conhecimento do grupo. Quebra do gelo inicial, ansiedades, resistências	*Inclusão* Busca de atenção, aceitação, ser reconhecido pelos demais membros do grupo. Refere-se a "estar dentro" ou "estar fora". Fase de estruturação do grupo	*Dependência* Apelo por apoio e direção do líder. Confiança e estrutura definidas. Expressão de fraqueza, inadequação, ao invés de trabalhar no problema ou assunto	*Encontro inicial* Situação não estruturada. Papel não diretivo do líder. Expressões de confusão, discussão de objetivos, procedimentos	*Determinar* Diz "o que fazer". Fornece instruções claras e específicas
Fase intermediária	*Experimentação/ mudança* Início do processo de *feedback*, troca entre os participantes, início de mudança. (Mudança interna, compreensão do outro)	*Controle* Tomada de decisão entre os indivíduos, demonstração de autoridade e poder ou submissão e docilidade. Utilização dos sentimentos de competência, inteligência, pelos membros do grupo visando influenciar ou exercer poder	*Luta* Interações confrontativas insistentes e zangadas. Ataques e depreciação *Fuga* Desligamento, retirada ou envolvimento do diminuído	*Confrontação do líder* Aumento de exposições abertas de frustração, antagonismo ao líder. União entre os membros em oposição ao líder. Enfoque direto do problema autoridade *Solidariedade grupal* Forte sentimento de unidade, identificação do grupo com o líder e vice-versa. Manutenção de clima positivo	*Treinar* Diz "o que e por que fazer". Ouve opiniões. Solicita sugestões
Fase final	*Congelamento* Momento de reflexão sobre tudo o que ocorreu. Passagem para a ação	*Abertura* Sentimentos mútuos de amar e ser amado. Relações mais íntimas e pessoais, estabelecimento de vínculos. Relações de proximidade e afastamento	*União* Relações pessoais mais íntimas. Apoio a outro membro ou ao grupo	*Intercâmbio de feedback interpessoal* Reuniões orientadas para a tarefa. Abertura para o *feedback* e auto-exposição *Terminação Feedback* positivo, expressões de solidariedade. Preocupação com a manutenção da equipe	*Apoiar* Dá autonomia para execução das tarefas. Apóia, quando necessário *Delegar* Transfere poder decisório. Dá autoridade para desenvolver tarefas de responsabilidade da liderança

Fatores que moldam um grupo

Para Amarú (1986), desde o momento em que um conjunto de pessoas passa a ser denominado grupo, ele estará sob a influência de três tipos de fatores: o ambiente, o próprio grupo e o indivíduo, que constituem os aspectos essenciais para que alguns grupos venham a se transformar em equipes e outros não.

Em primeiro lugar, um grupo sofre a influência do *ambiente* dentro do qual foi formado e vive: o tipo de organização na qual se encontra, as definições estratégicas e operacionais, a facilidade ou dificuldade material ou psicológica que tem para trabalhar e muitos outros fatores que irão afetá-lo positiva ou negativamente.

As decisões gerenciais determinam o nível de influência sobre a formação, modificação ou supressão de grupos dentro da estrutura formal. Na verdade, qualquer ambiente oferece ameaças e oportunidades, que podem ser reais ou imaginárias, percebidas pelo grupo, afetando sua coesão, sentimentos e interações.

O segundo fator que influencia a formação de um grupo é o próprio *grupo*. Os grupos distinguem-se uns dos outros por causa de suas propriedades intrínsecas que dizem respeito à *gestalt* formada pelo contexto. Entre estas, destacam-se o tamanho, a idade, a ideologia peculiar, o tipo de missão e o efeito sinérgico que o conjunto de indivíduos produz como resultante de sua agregação. Grupos recém-formados, por exemplo, tendem a apresentar comportamentos diferentes daqueles cujos membros coexistem já há certo tempo, mas isso não quer dizer que os que já convivem há mais tempo sejam mais integrados. Às vezes, um grupo recém-formado pode apresentar uma coesão mais forte, facilitando o trabalho. A experiência e a pesquisa demonstram também que o tamanho afeta o desempenho: é muito mais provável que uma equipe de cinco pessoas chegue mais facilmente a algum tipo de resultado prático ou acordo, do que uma comissão de 40.

O *indivíduo* possui um conjunto de características que constitui o terceiro fator de influência na constituição de um grupo. São elas traços de personalidade, valores, interesses, aptidões e experiências, entre outras, e que, na interação com as características dos demais membros do grupo, contribuem para formação de uma identidade com perfil de desempenho específico.

Esses três tipos de influência — ambiente, grupo e indivíduo — combinam-se uns com os outros, de maneira a estruturar o grupo, com identidade e perfil próprios, determinando os comportamentos. Em outras palavras, um grupo de trabalho com potencial de equipe deve manifestar simultaneamente dois tipos de comportamento: os dirigidos para a execução da tarefa, e os dirigidos para a eficiência e o bem-estar das relações pessoais, isto é, para a manutenção do próprio grupo. Quando esses dois comportamentos estão bem equilibrados, o grupo começa a evidenciar a capacidade de trabalhar em equipe. Como produto final desse equilíbrio, o grupo tem grande chance de alcançar sucesso no desempenho e no domínio da execução da tarefa, gerando a satisfação psicológica de seus membros (ver figura 6).

A constituição de um grupo e suas inter-relações podem ser descritas e analisadas sob diversos enfoques teóricos. Entendemos que, assim como os fatores apresentados, o líder tem papel preponderante na facilitação do equilíbrio entre desempenho e satisfação psicológica, propiciando o desenvolvimento do grupo em equipe.

Agora, leitor, escolha o enfoque que mais se identifica com o seu negócio, pois nenhuma teoria esgota em seus conceitos a complexidade das relações humanas estabelecidas na formação de um grupo.

Figura 6
FATORES QUE INFLUENCIAM UM GRUPO COM POTENCIAL DE EQUIPE

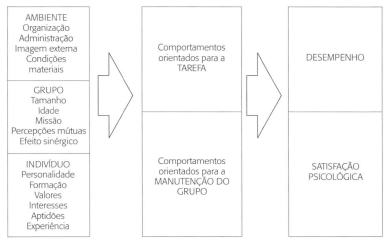

Fonte: Adaptada de Amarú (1986, cap. I).

Para avançar na dinâmica dos aspectos que transformam um conjunto de pessoas em grupo, vamos abordar o processo da transformação de grupo em equipe.

Equipe: uma definição

Podemos definir equipe como um grupo de pessoas com conhecimentos complementares, comprometidas com um propósito, metas de desempenho e abordagens comuns, e por meio dos quais se mantêm mutuamente responsáveis.

Historicamente, o trabalho humano sempre foi executado por grupos ou equipes. Desde as chamadas comunidades primitivas, as pessoas dependeram de outras para que o seu trabalho fosse eficaz. Foi trabalhando em sociedade, distribuindo e compartilhando esforços, que os homens criaram a linguagem e as instituições econômicas, políticas e culturais. Foi assim que o homem se fez Homem: agindo coletivamente. Não existe o indivíduo isolado, nenhum fato histórico foi realizado por um só homem. Você se lembra da história de Robinson Cruso é? Criado pelo escritor inglês Daniel Defoe no século XVIII, o personagem encarnava o mito do homem que sozinho podia dar conta de tudo que precisava para sua sobrevivência numa ilha deserta. Na verdade, esse romance de aventuras pretendia celebrar a vitória do individualismo burguês. Essa falácia constitui ainda hoje uma perigosa armadilha, já que quase todos nós dependemos das atividades de outros para realizar nosso trabalho e garantir a sobrevivência da sociedade. Então, por que atualmente se fala tanto em aprender a trabalhar em equipe, como se isso nunca tivesse acontecido?

Trata-se de um grave equívoco, pois pressupõe que as organizações atuais não são constituídas de equipes. Ora, se as equipes existem há séculos, o que tem dificultado a utilização de seu potencial criativo por aqueles que, mesmo reconhecendo sua importância e poder, não conseguem aproveitar todas as vantagens oferecidas por elas?

Intencionalmente ou não, desde a Revolução Industrial do século XVIII, a sociedade vem enfraquecendo os valores e os laços de solidariedade que sustentavam a vida associativa, culminando no culto ao individualismo contemporâneo, que favorece o não-coletivo nas escolhas humanas. A perspectiva individualista e de auto-interesse tem criado barreiras à interdependência necessária ao trabalho em equipe. Mas, ao mesmo tempo, nunca foi tão necessário trocar informações sobre idéias e experiências na busca da criação de conhecimento, diante da profusão de informações provocada pela revolução da informática. Na verdade, a sociedade da informação colocou o conhecimento como principal recurso ao crescimento econômico e à inovação, ultrapassando os tradicionais fatores de produção, representados por terra, capital e trabalho, na geração de riquezas. Nesse novo sentido, conhecimento significa informação em ação para conseguir resultados sociais e econômicos.

Todo conhecimento é produzido coletivamente. Assim, a tarefa vital das organizações é transformar seu recurso mais essencial — as pessoas qualificadas, bem informadas e dedicadas — em pessoas que compartilhem o compromisso de um propósito comum, dediquem-se umas às outras, desenvolvam um grau de preocupação com o bem-estar de cada uma, ajudando-se mutuamente sempre que necessário, repartindo conhecimentos, trabalhando umas com as outras para realizar o que tiver de ser feito, co-responsabilizando-se pelos resultados. É a isso que chamamos equipe.

Você, leitor, deve estar imaginando que essa é uma tarefa extremamente difícil. Nós também achamos. Mas acreditamos que as verdadeiras equipes caminham nessa direção e que deveriam constituir a base para o desempenho eficaz das organizações. Entretanto, reconhecemos que, para criar as condições objetivas que venham colocar potencialidades individuais a serviço de uma produção coletiva, é necessário mudanças comportamentais nas pessoas e nas organizações. Além disso, as equipes não nascem prontas nem se formam espontaneamente.

É necessário um longo e árduo trabalho de aprendizagem e amadurecimento.

Certamente, as mudanças constituem um desafio que exige investimento de todos os envolvidos no processo, desde a base técnica até a alta direção, o que requer na maioria das vezes uma transformação na cultura e na estrutura das empresas. Boa parte delas possui uma estrutura piramidal de poder ou está fixada numa cultura conservadora, embora com um discurso de administração inovadora fundamentado em qualidade e produtividade. Outras ainda, apesar de bem-intencionadas, confundem a criação de equipes com delegação de poderes e práticas aparentemente participativas. Além disso, equipes não são a solução para resolver todos os problemas das organizações e tratar de todos os desafios de desempenho, embora, geralmente, superem os resultados alcançados por grupos e pessoas que trabalhem isoladamente.

Devemos enfatizar que equipes não são um fim em si mesmo, mas sim um meio para promover um bom desempenho em busca de um resultado. Isso não se faz apenas com boa vontade ou um bom relacionamento pessoal, nem é somente uma questão meramente técnica. Equipe é uma concepção de trabalho que, como dissemos anteriormente, modifica relações de poder em busca da co-responsabilidade, superando o hábito de procurar culpados por eventuais fracassos e de transferir responsabilidades para outros, sobretudo para as lideranças.

Desempenho de equipe

Não existe um manual nem receita para garantir o desempenho eficiente, eficaz e efetivo de uma equipe. O desempenho é influenciado por um conjunto de elementos internos e externos às equipes, que precisam ser examinados e avaliados periodicamente para que eventuais desvios ou eventos desagregadores sejam enfrentados e superados, para que elas possam continuar progredindo. Uma verdadeira equipe investe tempo e esforço no sentido de explorar novas formas e meios, ajustando-se, procurando acordo e reafirmando compromissos em torno do objetivo comum. A prática de uma equipe é uma redescoberta cotidiana das possibilidades do trabalho, tanto em relação às tarefas quanto às relações interpessoais. A utilização dos fundamentos da equipe encontra-se indicada na figura 7. Os vértices do triângulo mostram o que as equipes produzem; os lados e o centro descrevem os elementos de disciplina que as fazem acontecer.

Figura 7
FATORES QUE INFLUENCIAM UM GRUPO COM POTENCIAL DE EQUIPE

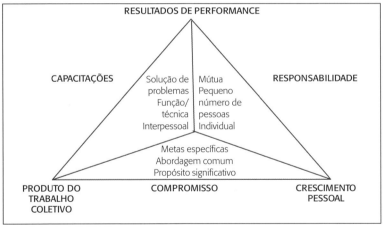

Fonte: Katzenbach (1994:2).

Sugerimos que você pense a respeito de cada um dos fundamentos seguintes quando estiver avaliando a atual situação da sua equipe de trabalho.

❑ O número de participantes é suficientemente pequeno para garantir comunicação, interatividade e buscar acordo sobre cursos de ação específicos?

- Os membros da equipe estão esclarecidos a respeito de suas responsabilidades individuais, bem como de suas responsabilidades comuns?
- Existem níveis adequados de conhecimentos complementares ou potencial para adquiri-los nas três categorias (solução de problemas; funcional/técnico; e relacionamento interpessoal)?
- As metas específicas são realmente metas de equipe ou apenas de uma só pessoa (do líder, por exemplo)?
- A abordagem de trabalho é clara, realmente entendida, e com ela concordam todos os participantes? Será que ela é concreta e resultará na realização das metas?
- Existe um propósito verdadeiramente significativo e abrangente que possa ser almejado por todos os participantes?

Receitas não há, já sabemos. Entretanto, podemos identificar alguns fatores que criam a possibilidade de concretizar o melhor desempenho das equipes.

- Formar equipes por competências complementares para que possam trocar informações, desenvolver novas idéias, aumentar seus conhecimentos, resolver problemas a partir desse intercâmbio e tomar decisões.
- Estabelecer um objetivo comum, meta e direção para que todos saibam quais as expectativas em relação ao desempenho e ao propósito de equipe. A maioria das pessoas necessita ser desafiada a atuar de forma direcionada.
- Selecionar participantes com base na capacidade de relacionamento interpessoal, e não em função de traços de personalidade, ou seja, pessoas com competência para lidar com as diferenças.
- Trocar percepções periódicas e programadas para refletir sobre atitudes e comportamentos facilitadores e dificultadores da integração do grupo, removendo obstáculos, con-

frontando experiências e expectativas, com o objetivo de fortalecer o espírito de equipe, reelaborando propostas de cooperação e ajuda mútua.

❏ Estabelecer normas de organização e funcionamento da equipe, a fim de promover compromisso e confiança na execução das tarefas. As normas devem ser para valer e cumpridas por todos, para que os membros da equipe não percam a credibilidade uns nos outros, o que pode gerar insegurança, desmotivação, distribuição desigual de esforços, podendo desagregar a equipe. Responsabilidade mútua requer confiança, interdependência e quantidade equivalente de trabalho real.

❏ Definir algumas tarefas e metas individuais, pois trabalhar em equipe não significa todo mundo fazer tudo ao mesmo tempo. O desempenho coletivo necessita da contribuição e do investimento pessoal para a consecução das metas, que devem ser claras, simples e mensuráveis.

❏ Prover o grupo imediatamente com novos fatos e informações para atualizar e redefinir ações e atividades, evitando o máximo possível o retrabalho e o desgaste emocional que isso pode provocar.

❏ Programar reuniões periódicas com o propósito de aumentar o convívio entre os membros do grupo, o que promove integração e engajamento interpessoal. A experiência nos mostra que as equipes devem passar bastante tempo reunidas, especialmente no início, quando se observam atentamente os sinais enviados a uns pelos outros no sentido de confirmar ou dirimir dúvidas e preocupações existentes.

❏ Ter consciência de que a equipe não é a soma das partes, mas um conjunto novo que surge a partir do intercâmbio das diferenças para a construção do conhecimento novo. Nenhum membro da equipe é dono da verdade, e deve haver flexibilidade suficiente para examinar as possibilidades surgidas do confronto das diferenças, relativizar pontos de vista e buscar o consenso sempre que possível, mantendo um sentido de unidade.

O rótulo não importa. Reconhecemos que há uma evidência de que as equipes estão provocando, atualmente, uma necessária reflexão e uma sensível diferença no modo de fazer as coisas. Na adoção dessa concepção de equipe, é irrelevante, e às vezes até mesmo embaraçoso, usar o rótulo: as equipes não se tornam equipes apenas porque as denominamos assim. Tudo o que precisamos é reconhecer e aproveitar da melhor forma o potencial das equipes existentes nas organizações, não só na busca da produtividade e de inovações técnicas, como principalmente na realização de mudanças para o aumento da qualidade de vida, por meio da responsabilidade, da ética e do compromisso com o outro nas relações de trabalho.

Equipes de alto desempenho

Entendemos por equipes de alto desempenho aquelas que, além dos fatores que compõem as equipes, citados anteriormente, também interagem de acordo com o lema "um por todos e todos por um", pois há uma preocupação mútua e genuína em relação ao desenvolvimento pessoal e profissional de cada membro, possibilitando a troca de conhecimentos e maior flexibilidade. Os componentes também compartilham as funções de liderança e costumam ter um bom senso de humor. Esses elementos são poderosos motivadores para o alcance de seus propósitos.

Katzenbach define equipe de alto desempenho como uma

equipe verdadeira cujos níveis de comprometimento com seus objetivos e metas excedem os de todos os outros grupos semelhantes, e cujos membros também estão comprometidos uns com os outros como indivíduos. (...) seus membros mantêm o compromisso mútuo muito depois da experiência formal da equipe (Katzenbach, 2001:227-228).

Raramente encontramos equipes de alto desempenho, pois elas ultrapassam todas as expectativas que garantam resultados de alto desempenho, especialmente porque é muito difícil realizar e manter o compromisso interpessoal. Porém, quando temos a oportunidade de conhecer equipes de alto desempenho, podemos utilizá-las como modelo e aprender para investir em equipes potenciais.

Sugerimos àqueles que querem transformar suas equipes em equipes de alto desempenho que conheçam e utilizem, além do que abordamos no decorrer dos capítulos, os pontos fortes e fracos dos membros de sua equipe, ajudando-os na solução de seus problemas e a desenvolver a confiança mútua, enfocando o que podem realizar em conjunto de acordo com a natureza do trabalho.

Lembramos que o papel formal do líder, segundo Katzenbach (1994), assume uma função protocolar, pois a liderança é compartilhada. A influência do líder é essencial na probabilidade de uma equipe tornar-se uma equipe de alto desempenho. Assim, além dos atributos indispensáveis ao líder, ele deve apresentar uma atitude flexível, em acordo com a abordagem da equipe.

Para você refletir

> Sugerimos que assista ao filme *Jamaica abaixo de zero*, no qual os atletas jamaicanos enfrentam e superam diversos obstáculos até se transformarem numa equipe.

Neste capítulo, vimos a conceituação de grupos e as suas fases de desenvolvimento, relacionando-as com os estilos de liderança situacional. Abordamos, também, os fatores que moldam um grupo, os conceitos de equipe e equipes de alto desempenho, destacando o processo de transformação de grupo em equipe e a importância do papel do líder nesse processo.

No próximo capítulo, abordaremos o tema da comunicação interpessoal, um dos fatores fundamentais para o desenvolvimento e o sucesso de uma equipe de trabalho.

4

Comunicação interpessoal e desenvolvimento de equipes

Neste capítulo, iremos abordar a comunicação interpessoal e sua influência sobre as equipes de trabalho nas organizações. Veremos os obstáculos à comunicação interpessoal e a importância de dar e receber *feedback* para o resultado do trabalho em equipe.

Comunicação e interação humana

Sabemos que conviver é uma arte e exige de nós abertura para o entendimento mútuo. A maneira como nos comunicamos transmite como queremos nos relacionar e a comunicação, seja verbal ou não verbal, é a forma mais usual de interação humana.

Entendemos que o sucesso dos resultados esperados, tanto individual quanto da equipe, no ambiente de trabalho, é influenciado pela qualidade das relações interpessoais e dos tipos de comunicação que as pessoas estabelecem entre si. A eficácia da comunicação se dá quando as pessoas buscam a confiança e o respeito e procuram eliminar bloqueios não intencionais. Para tal, o autoconhecimento se faz necessário.

Para iniciar, leitor, escolhemos uma história que irá ilustrar o que pode acontecer na comunicação.

Dona Comunicação

Otávio, caixa de um banco, por certo nunca ligara para problemas de comunicação. Falava... E dizia. Pronto. Seu receptor que ouvisse... E escutasse.

Assim, quando Terezinha (uma cliente) lhe apresentou um cheque, ele nem imaginou que a cliente talvez não entendesse o idioma bancário. Falou:

— Por favor, moça. Seu cheque é nominal a Terezinha da Silva. Precisa de endosso.

Terezinha ouviu, mas não escutou. Nominal? Endosso? Endosso tinha sabor de açúcar. Mas não era possível, não tinha nada a ver.

— Desculpe, seu Otávio, não entendi!

De novo o caixa falou. E disse:

— Simples. Coloque sua assinatura aqui no verso.

Ainda sem escutar, a cliente espichou-lhe o olhar interrogante. Verso? Que diabo! Antes "nominal". Agora "verso" e também "endosso". Ora, eu não sou poeta! E muito menos "doce"!

Terezinha, atônita, achou de perguntar:

— Perdão, seu Otávio. Continuo não entendendo.

Deu-se, por fim, o estalo. O caixa sentiu os cifrões na própria língua, pensou no repertório de Terezinha e tratou de adivinhá-lo. Fácil, pensou, e, com um sorriso de "psicologice", foi virando o cheque e apontou, com ares de cumplicidade:

— Coloque aqui seu nome. Assim... como você faz no final de um bilhete para seu namorado.

Terezinha iluminou-se. Decidida, pegou firme na caneta e lascou no verso do cheque:

"Com todo amor, um grande beijo. Terezinha."

Diante daquela Terezinha sorridente, Otávio foi apresentado à Dona Comunicação. Percebeu, naqueles olhos brilhantes, que há repertórios e repertórios e que falar nem sempre é dizer.

(Autor desconhecido; história adaptada.)

Analisando a história, podemos refletir: estamos nos fazendo compreender? Será que os empregados estão reagindo como a Terezinha?

Segundo Chung, as pessoas possuem várias formas de comunicar-se. A comunicação oral é uma maneira representativa que o ser humano tem de relacionar-se, mas é um nível superficial de comunicação, pois "procura expressar a realidade subjetiva, que é o nível profundo da comunicação" (Chung, 1995:183). Na verdade, em grande parte das relações que estabelecemos, comunicamo-nos superficialmente e imaginamos que o outro entenderá perfeitamente o que queremos transmitir, o que culmina em distorções, gerando problemas nos nossos relacionamentos.

O que fazer então? É o que veremos no decorrer deste capítulo.

Comunicação como base das relações interpessoais

Segundo Berlo (1968), a comunicação é a base das relações interpessoais, do comportamento de uma pessoa sobre a outra, procurando exercer influência. Toda ação de comunicação tem um objetivo, que é gerar reação. Quando conseguimos exprimir o que queremos de forma específica e conseguimos que o interlocutor entenda a mensagem, estamos dando o primeiro passo para uma comunicação eficaz.

Apesar de sabermos disso, a comunicação interpessoal eficaz é mais difícil do que imaginamos, pois uma das tarefas do emissor é fazer com que o receptor dê sinais de que entendeu o que se desejava transmitir. Isso acontece porque, muitas vezes, nos perdemos ou desconhecemos nosso propósito na comunicação.

Mas, mesmo sem termos um objetivo claro, nos comunicamos por meio das mensagens não-verbais. Precisamos, então, para obter resultado coerente com nosso propósito, estar atentos à nossa conduta e verificar se corresponde à intenção que temos ao comunicarmos. Além disso, devemos estar atentos a quem vamos influenciar com a nossa mensagem, pois nem sempre o receptor responde de forma a atender o objetivo do emissor. Se houver incompatibilidade entre os objetivos do emissor e do receptor, a comunicação se torna inviável.

As relações entre emissor e receptor são interdependentes, mas variam de situação para situação no processo de comunicação, ou seja, a comunicação interpessoal acontece com a interdependência entre ação e reação, pois o emissor influencia o receptor e vice-versa. Ambos utilizam a reação um do outro, que serve como *feedback*.[11]

O conhecimento e a utilização do *feedback* aumentam a eficácia no processo de comunicação. Aqui, vale a pergunta, leitor: como podemos tornar-nos bons comunicadores? Observando cuidadosamente as reações dos recebedores ao que transmitimos.

A comunicação interpessoal também envolve expectativas, no que se refere à receptividade da mensagem, tanto do que transmitimos quanto do que recebemos. Isso afeta nosso comportamento na comunicação, pois nos preocupamos com o que as pessoas esperam sobre nosso próprio comportamento influenciando nossas mensagens. O que facilita a capacidade de desenvolver expectativas sobre as outras pessoas prenunciando como reagirão à nossa comunicação é a empatia, capacidade de nos colocarmos no lugar do outro, de nos projetarmos dentro da personalidade do outro.

O estudo da comunicação humana é bem complexo e abrange várias áreas de pesquisa: psicologia, sociologia, antropologia e lingüística, entre outras. Além disso, devemos levar em conta todos os fatores que afetam o comportamento das

---

[11] *Feedback* é "a ligação entre as coisas que você faz e diz e a compreensão do impacto que as mesmas exercem sobre as outras pessoas" (Bee, 2000:9).

pessoas para obtermos o que desejamos com a mensagem transmitida. Fatores como a cultura, nossas necessidades fisiológicas, nosso conhecimento, nossas crenças, nossos valores, nossos sistemas sociais se inter-relacionam e influenciam a comunicação humana, por isso ela não pode ser prognosticada com absoluta certeza.

Nosso objetivo, leitor, no decorrer deste capítulo é, de maneira simplificada, ajudá-lo na prática da comunicação interpessoal eficaz no seu dia-a-dia de trabalho.

A seguir, abordaremos alguns obstáculos à comunicação interpessoal.

Obstáculos à comunicação interpessoal

Obstáculos do emissor

Como barreiras do emissor, podemos citar a percepção, o contexto e as interferências externas. Vejamos cada uma delas.

❑ Percepção: a maneira como a mensagem é transmitida ao receptor reflete como o emissor interpreta a situação, que é, de acordo com a sua percepção de mundo, influenciada por seus conteúdos internos, seus valores, preconceitos, preocupações, características de personalidade.
❑ Contexto: a mensagem é influenciada pelo ambiente em que a comunicação se dá, o tempo em que acontece, os principais interlocutores e a relação que estabelecem entre si.
❑ Interferências externas: como exemplos, podemos citar os barulhos, distrações visuais, sotaques, interferências de terceiros.

Obstáculos do receptor

As atitudes do receptor também podem causar barreiras à comunicação interpessoal. Como exemplos, temos a dificuldade em ouvir, a percepção e os sentimentos.

- Dificuldade em ouvir: nossos pensamentos são mais rápidos que nossas palavras. Assim, temos a necessidade de preencher o lapso do tempo pensando e nos distraímos do que está sendo dito. Além disso, muitas pessoas ansiosas consideram-se objetivas e têm dificuldade em ouvir aqueles que gostam de explicar passo a passo.
- Percepção: tendemos a avaliar, tanto o que nos é transmitido, quanto o emissor da mensagem, de acordo com nossos sistemas de interpretação, que variam conforme nossos conteúdos internos, valores, preconceitos.
- Sentimentos: se estivermos passando por situações que envolvam alguma carga emocional, provavelmente a comunicação recebida será distorcida. As emoções podem nos impedir de estar potencialmente abertos especialmente aos *feedbacks*, tão necessários para o autoconhecimento.

No quadro 10, listamos esses obstáculos.

Quadro 10
OBSTÁCULOS À COMUNICAÇÃO INTERPESSOAL

Obstáculos do emissor	❏ Percepção
	❏ Contexto
	❏ Interferências externas
Obstáculos do receptor	❏ Dificuldade em ouvir
	❏ Percepção
	❏ Sentimentos

Diante do exposto, podemos observar como a comunicação afeta as relações e, conseqüentemente, os resultados no trabalho em equipe.

Como consultoras, durante nossas experiências com desenvolvimento de lideranças, cada vez mais temos constatado que é responsabilidade do líder o investimento na habilidade de comunicar-se eficazmente. Por isso, acreditamos que essa habilidade pode ser aprendida e aprimorada. Porém, o que e por que você comunica, leitor, resultam de sua visão de missão, sua sensibilidade, ética, comprometimento e vontade.

Então, se você acredita que o propósito da comunicação é construir e manter o bom entendimento entre as pessoas, como líder, você deve estar onde os empregados estão, colocar-se no lugar deles, desenvolvendo empatia. Conhecê-los de forma mais próxima, buscando entender seus problemas e dificuldades, descobrir seus desejos, seus valores, e tomar decisões usando seus atributos de liderança com sabedoria. Assim, observar e, principalmente, ouvir são habilidades essenciais para a eficácia da comunicação interpessoal.

Também devemos estar atentos à comunicação não-verbal, pois nem sempre comunicamos o que queremos efetivamente transmitir. Muitas vezes ocorrem distorções e desentendimentos entre as pessoas quando o receptor entende a mensagem de forma diferente do que o emissor tentou transmitir. De acordo com Robbins (1994), baseamo-nos em nossas reações negativas ao emissor para supor quais seriam suas intenções, por isso muitas vezes achamos que entendemos o que outro quis dizer, mas nem sempre estamos certos. O que ocasiona essa lacuna? É a comunicação não-verbal que podemos identificar por meio da observação atenta da postura corporal, tom de voz e características faciais. Observando esses elementos não-verbais, o emissor pode certificar-se de que a mensagem enviada está sendo recebida de forma coerente. Além disso, para que sua comunicação seja eficaz, deve checar suas percepções solicitando *feedback*. A figura 8 mostra como se dá essa lacuna na comunicação interpessoal.

Figura 8
DEFININDO A LACUNA NA COMUNICAÇÃO INTERPESSOAL

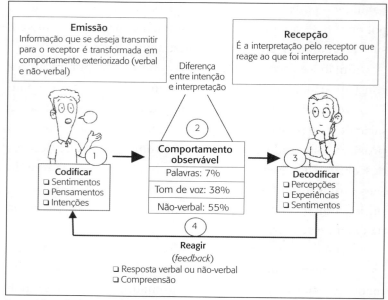

Fonte: Adaptada de Robbins (1994:9) e O'Connor (1996:96).

Como podemos observar, as palavras recebem um percentual insignificante na comunicação. Para O'Connor (1996), 55% do impacto e da sinceridade percebidos na comunicação interpessoal são determinados pela linguagem corporal, não-verbal, enquanto 38% o são pelo tom de voz e somente 7% pelas palavras ou conteúdo. Alerta O'Connor (1996:95): "Quando esses três aspectos se reforçam mutuamente, a comunicação é congruente. Se houver uma discrepância entre as palavras e a linguagem corporal, o ouvinte prestará atenção à parte não-verbal, geralmente sem perceber."

Entendemos, então, que a habilidade na comunicação consiste numa grande responsabilidade por parte do emissor.

Como emissores, o que fazer para tornar nossa comunicação mais eficaz? É importante saber o que desejamos comunicar e para quem.

O conteúdo da mensagem, com a utilização de um vocabulário de acordo com o entendimento do receptor, evitando frases longas e prolixidade, é fundamental ao resultado que se quer atingir. O tom de voz também deve estar congruente com o que queremos transmitir, propiciando maior abertura, pelo recebedor, ao que pretendemos transmitir.

Além disso, os gestos abertos e o contato visual com o interlocutor são fundamentais para a compreensão e aceitação da mensagem.

A prática na obtenção do *feedback* pode nos ajudar bastante na melhoria da comunicação interpessoal. Para tal, podemos utilizar gravações em vídeo ou solicitar ajuda dos amigos, para acompanhar nosso próprio desempenho e observar as mudanças ocorridas com a prática. Lembre-se, leitor, enquanto estiver praticando, de ser tolerante consigo mesmo. O *feedback* tem como finalidade aumentar o autoconhecimento e melhorar as relações interpessoais; não deve tornar-se um gerador de estresse e, por excesso de autocrítica, tirar-lhe o prazer do aprendizado.

Os resultados que obtemos com e por intermédio dos outros dependem do autoconhecimento e da consciência que temos acerca das pessoas com as quais nos relacionamos. A comunicação é um processo de interação, em que uma pessoa influencia a outra.

E os empregados, será que têm consciência sobre seus comportamentos e seu desempenho? Temos fornecido *feedback* para ajudá-los?

Dar e receber *feedback*

A maioria das pessoas tem dificuldade em dar e receber *feedback*, especialmente por medos associados a experiências passadas e aos processos associados a transmitir e receber informações. Entretanto, se quisermos desenvolver relações interpessoais mais competentes, o *feedback* pode ser exatamente o que precisamos transmitir ou ouvir.

Mas, afinal, o que é *feedback*? Podemos defini-lo como a comunicação a uma pessoa ou grupo no sentido de fornecer-lhe informações sobre como seu comportamento ou desempenho está afetando outras pessoas. É um processo de ajuda para manutenção, melhoria ou mudança de comportamento e, quando eficaz, nos auxilia no desenvolvimento da competência interpessoal.

Como vimos, a comunicação interpessoal não é muito simples; vários fatores interferem no que transmitimos e recebemos. E quando se trata de fornecer ou receber *feedback*, isso se torna mais complexo, pois não temos o hábito de praticá-lo, costumamos encará-lo como crítica e, como tal, preferimos não enfrentar situações que nos exponham. Por outro lado, todos nós tomamos decisões baseadas nas reações dos outros, o que pode gerar comportamentos ineficazes se a nossa percepção estiver distorcida pelos conteúdos e experiências internas. No entanto, se estivermos dispostos a enfrentar nossas dificuldades e encarar o *feedback* como aprendizado para o autodesenvolvimento, poderemos aproveitar as oportunidades não só para o autoconhecimento, como também ajudar os empregados a melhorar seu desempenho pessoal e profissional.

Para que o *feedback* alcance seus objetivos, é necessário estar atento a alguns fatores. Para ilustrar, leitor, narraremos uma história.

O *feedback* deve ter a intenção de construir, de ajudar. Assim, leitor, quando desejar fornecer *feedback*, não se esqueça das três peneiras: Verdade, Bondade e Utilidade.

As três peneiras

Um homem foi ao encontro de Sócrates, levando ao filósofo uma informação que julgava de seu interesse:

— Quero contar-te uma coisa a respeito de um amigo teu!

— Espera — disse o sábio. — Antes de contar-me, quero saber se fizeste passar essa informação pelas três peneiras.

— Três peneiras? Que queres dizer?

— Devemos sempre usar as três peneiras. Se não as conheces, presta bem atenção. A primeira é a peneira da VERDADE. Tens certeza de que isso que queres dizer-me é verdade?

— Bem, foi o que ouvi outros contarem. Não sei exatamente se é verdade.

— A segunda peneira é a da BONDADE. Com certeza, deves ter passado a informação pela peneira da bondade. Ou não?

Envergonhado, o homem respondeu:

— Devo confessar que não.

— A terceira peneira é a da UTILIDADE. Pensaste bem se é útil o que vieste falar a respeito do meu amigo?

— Útil? Na verdade, não.

— Então, – disse-lhe o sábio, – se o que queres contar-me não é verdadeiro nem bom nem útil, então é melhor que o guardes apenas para ti.

Fonte: Disponível em <www.geocities.com/Athens/4539/index.html>.

Falar com afeto uma verdade que seja útil ao outro é requisito fundamental para aceitação e obtenção de resultados. Obtemos relações produtivas no trabalho quando os contratos de expectativas das pessoas em relação às outras são explicitados, de forma transparente, criteriosa, construtiva, ética e afetiva.

Para Nascimento (1977), o *feedback*, para ser eficaz, necessita atender a duas dimensões: a dimensão da ética, que se refere à veracidade do conteúdo do *feedback*, o que se diz, e a dimensão da motivação, que se refere às intenções de quem fala, ou por que fala.

No quadro 11, representamos as quatro possibilidades existentes na dinâmica do *feedback*, a partir dessas dimensões.

Quadro 11
DINÂMICA DO *FEEDBACK*: DIMENSÕES DA COMUNICAÇÃO

ÉTICA \ MOTIVAÇÃO	AFETO	DESAFETO
VERDADE	*A* VERDADE/AFETO	*B* VERDADE/DESAFETO
MENTIRA	*C* MENTIRA/AFETO	*D* MENTIRA/DESAFETO

Fonte: Adaptado de Nascimento (1977:11).

Examinemos melhor as dimensões da ética e da motivação.

❑ Dimensão da ética: quando transmitimos um *feedback*, seu conteúdo pode ser verdadeiro ou falso. Transmitimos a mensagem baseados em nossas percepções, acreditando estarmos sendo sinceros, ou não. Embora estejamos objetivamente enganados, se acreditamos que usamos de sinceridade, classificamos o *feedback* como verdadeiro.

❑ Dimensão da motivação: quando recebemos um *feedback*, ficamos imaginando quais os motivos que estão por trás da mensagem. De acordo com a nossa percepção, podemos aceitar ou não um *feedback*. As intenções construtivas ou destrutivas do emissor vão facilitar ou dificultar a abertura do receptor ao que será transmitido. Por isso, como transmissores, devemos estar genuinamente interessados no bem-estar e crescimento do receptor, transmitindo o *feedback* de forma afetiva.

As dimensões da ética e da motivação, como visto no quadro 11, resultam em quatro tipos básicos da dinâmica do *feedback*, examinados a seguir.

- *A — Verdade/Afeto.* O binômio Verdade/Afeto é o ideal, embora pouco o usemos. Aqui, o conteúdo do *feedback* é verdadeiro e bem-intencionado, as pessoas visam ao crescimento mútuo e suas mensagens são autênticas. Este tipo de *feedback* requer maturidade tanto do emissor quanto do receptor.
- *B — Verdade/Desafeto.* Neste binômio, embora o *feedback* seja verdadeiro, ele culmina por deteriorar a relação, pois é motivado pela censura ao comportamento do outro. Raramente são fornecidos *feedbacks* positivos, predominando a agressividade mútua. É um dos tipos de *feedback* mais freqüentes, caracterizado pela maneira agressiva. Ele impede as relações de parcerias.
- *C — Mentira/Afeto.* O binômio Mentira/Afeto é bastante comum nos relacionamentos interpessoais. É encontrado, principalmente, nas relações paternalistas, nas quais o afeto anula a autenticidade. Os *feedbacks* são geralmente evasivos, falsos, com receio de magoar o receptor. A omissão também é considerada uma característica neste tipo de *feedback*, pois não ajuda o desenvolvimento nem do emissor nem do receptor.
- *D — Mentira/Desafeto.* O *feedback* Mentira/Desafeto é o pior binômio possível, pois o conteúdo do *feedback* é falso, com o objetivo de magoar, diminuir, prejudicar ou destruir o outro. Este tipo de *feedback*, além de caracterizar-se por mentiras, calúnias, difamações, informações fora de contexto, dissimulações, ainda tem o componente da agressividade. As relações baseadas neste tipo de *feedback* não se sustentam e acabam se rompendo.

Sabemos que dar e receber *feedbacks* considerados negativos não é nada agradável, mas se existir um alto nível de confiança entre as pessoas — líder e liderados —, a troca de *feedbacks* será muito mais produtiva. A equipe de trabalho não é, necessariamente, um ambiente onde as pessoas têm de se amar, mas sim se respeitar e cooperar produtivamente. Para tal, é fundamental compreender o quanto nossos comportamentos afetam os outros e o desempenho da equipe, e, como líderes, sensibilizar nossos empregados e pares para que tenham a mesma postura.

Como líderes, leitor, devemos estar atentos àqueles que realmente não estão preparados ou não desejam receber *feedback* e, se insistirmos, poderão negar, racionalizar, justificar-se. Como agir, então, para ajudá-los a superar as dificuldades? Sugerimos que, como líder e participante de uma equipe de trabalho, você procure estabelecer uma relação de confiança recíproca para diminuir as barreiras entre ambas as partes — emissor e receptor —, reconheça que o *feedback* é um processo de avaliação conjunta, aprenda a ouvir e receber *feedbacks* mantendo o equilíbrio emocional, aprenda a fornecer *feedback* de forma hábil gerenciando suas emoções, forneça *feedbacks* que estejam na categoria Verdade/Afeto, utilize a técnica elogios + críticas construtivas + encorajamento, desenvolva um plano de ação para correção dos pontos negativos e negocie metas, prazos e compromissos mútuos, conforme está resumido no quadro 12.

Quadro 12

PRÁTICA DO *FEEDBACK* EFICAZ

- Reconhecer que o *feedback* é um processo de avaliação conjunta
- Aprender a ouvir e receber *feedbacks*, mantendo o equilíbrio emocional
- Aprender a fornecer *feedback* de forma hábil, gerenciando suas emoções
- Fornecer *feedbacks* que estejam na categoria Verdade/Afeto
- Utilizar a técnica elogios + críticas construtivas + encorajamento
- Desenvolver um plano de ação para correção dos pontos negativos e negociar metas, prazos e compromissos mútuos

Nosso autodesenvolvimento está tão proporcional à qualidade dos *feedbacks* que nos transmitem, quanto à nossa abertura em recebê-los, rever nossos comportamentos e colocar em ação as correções que se fizerem necessárias.

No processo de *feedback*, atuamos como emissores e como receptores e temos a oportunidade de exercitar várias competências. Como emissores, podemos desenvolver nossa capacidade de crítica e análise, perspicácia, integridade, empatia, comunicação oral e gestual, assertividade, persuasão, entre outras. E, como receptores, desenvolvemos a capacidade de saber ouvir, a humildade, a flexibilidade, a resistência à frustração e o autocontrole sobre nossa ansiedade e nossas reações.

No momento em que vivemos, de mudanças aceleradas, o aprendizado e a adaptação são fatores imprescindíveis e estão intimamente relacionados à arte de fornecer e receber *feedback*.

E a comunicação no trabalho em equipe? Uma equipe é caracterizada por possuir uma linguagem comum. A linguagem personifica o grupo, ela é a representação da identidade do grupo. Ela caracteriza o vínculo entre os participantes do grupo. O líder é aquele que entende e se faz entender pelo grupo.

É por meio dos *feedbacks* transmitidos pelo líder que os membros da equipe têm conhecimento do resultado do seu trabalho e de seu desempenho como equipe.

Como vimos em capítulo anterior, uma equipe de trabalho se desenvolve a partir das interações que estabelece tanto no desempenho das tarefas quanto na satisfação em trabalhar em conjunto. É função do líder orientar os empregados, que estão sob seu comando, a estabelecer relações de confiança, gerando, em cada membro, uma preocupação mútua e genuína em relação ao desenvolvimento pessoal e profissional uns dos outros, possibilitando a troca de conhecimentos e maior flexibilidade, que caracteriza as equipes de alto desempenho. Para tal, a comunicação interpessoal eficaz e o processo de *feedback* são fundamentais.

Para você praticar

Observe o processo de comunicação entre os membros de sua equipe de trabalho e o seu estilo de liderança. Compare com o que vimos neste capítulo. Sugerimos que faça um plano de aperfeiçoamento em suas comunicações interpessoais.

Neste capítulo, vimos os obstáculos à comunicação eficaz e como minimizá-los. A importância de manter relacionamentos autênticos, com relações baseadas no binômio Verdade/Afeto, assim como a capacidade de saber ouvir, são fatores fundamentais para a motivação das equipes de trabalho.

No capítulo a seguir, abordaremos o tema motivação de equipes, destacando suas principais teorias, as relações entre trabalho, liderança, clima organizacional e a importância do trabalho como fator motivacional.

5

Motivação de equipes

Este capítulo trata de um assunto que desperta a atenção de cientistas e estudiosos desde o início do século XX, quando foram publicadas as primeiras pesquisas e estudos sobre motivação. Nele abordaremos os seguintes temas: motivação de equipes, enfatizando as transformações ocorridas no mundo do trabalho; trabalho e motivação, destacando as principais teorias; liderança e motivação, relacionando o papel do líder como agente catalisador do comportamento motivado; e clima organizacional e motivação, apontando a influência ambiental sobre a motivação.

A função do trabalho na vida do indivíduo e da sociedade

Ao tratarmos do tema motivação, especialmente a motivação no trabalho, não podemos deixar de mencionar a questão do trabalho e de sua função na vida do indivíduo e da sociedade. Os versos da música do compositor Gonzaguinha nos levam a refletir sobre a satisfação que o trabalho pode trazer à vida das pessoas e à realização da própria condição humana:

> *Um homem também chora (Guerreiro menino)*
> Gonzaguinha
>
> É triste ver meu homem guerreiro menino
> Com a barra do seu tempo por sobre seus ombros
> Eu vejo que ele berra, eu vejo que ele sangra
> A dor que tem no peito, pois ama e ama
> Um homem se humilha se castram seus sonhos
> Um sonho é sua vida
> A vida é trabalho
> E sem o seu trabalho o homem não tem honra
> E sem a sua honra
> Se morre, se mata
> Não dá pra ser feliz
> Não dá pra ser feliz.

Apesar de todas as crises por que passou a sociedade do trabalho, sobretudo com as transformações ocorridas com a globalização articulada de forma desigual no final do século XX, o trabalho continua sendo o elemento estruturante da vida humana. O ser humano busca no trabalho não só o necessário para a sua sobrevivência, mas a realização dos seus sonhos, e somente se sente completo quando percebe que o seu trabalho não é apenas útil para ele, mas também para a sociedade.

Nesse sentido, não podemos deixar de reconhecer a crescente importância das organizações voltadas para o trabalho na vida dos indivíduos, não só como fator de sua manutenção financeira, mas sobretudo de auto-realização e de auto-expressão. Além de garantir a sobrevivência, o trabalho é cada vez mais uma forma de desenvolvimento do potencial humano e de afirmação da própria identidade do indivíduo.

Um pouco de história para se compreender melhor o dilema do homem moderno na relação com o seu trabalho: desde a origem das primeiras sociedades, as pessoas, em sua maioria, dedicavam a maior parte do seu tempo ao trabalho. No entanto, atualmente, as pessoas, ao mesmo tempo que desejam o trabalho, se queixam porque têm a sensação de que trabalham cada vez mais, sobrando-lhes pouco ou quase nenhum tempo para o lazer, a família e os amigos.

O que mudou hoje?

Para responder a essa pergunta, é preciso recuar e avançar no tempo, e entender que o capital, antes concentrado na terra, no comércio, na indústria e nas finanças, hoje deslocou-se basicamente para a área do conhecimento e da tecnologia da informação, constituindo o denominado capital intelectual.

Voltemos brevemente ao artesão medieval e vejamos o que nos diz Albornoz (1986:39):

> No artesanato, o trabalho não obedece a nenhum motivo ulterior além da fabricação do produto e dos processos de sua criação: a esperança de fazer um bom trabalho, elaborar um produto e a arte de fazê-lo. (...) O trabalhador é livre para organizar seu trabalho, quanto ao plano, começo, forma, técnica e tempo. Ao trabalhar, o artesão pode aprender e desenvolver seus conhecimentos e habilidades; o seu trabalho é um meio de desenvolver habilidades. Não há separação entre trabalho e diverti-

mento, trabalho e cultura. (...) O modo de subsistência do artesão determina e impregna todo o seu modo de viver. Seus amigos são seus colegas, suas conversas são sobre sua profissão. Não há necessidade de lazer como evasão.

Desde a Revolução Industrial no século XVIII, o trabalho foi perdendo aos poucos os vínculos com o resto da vida. Assim, o trabalho se separou quase totalmente do lazer, do prazer, da cultura, das forças motivadoras da vida. No século XX, sob os efeitos de duas guerras mundiais, a disputa pela conquista de novos mercados se tornou cada vez mais acirrada. O trabalho concentrou-se principalmente nas grandes metrópoles e o trabalhador tornou-se cada vez mais uma mercadoria descartável e reciclável. A partir da década de 1980, o mundo do trabalho mais uma vez sofreu profundas transformações econômicas, sociais e um grande salto tecnológico, provocando mudanças na forma de pensar, sentir e reagir, exigindo de todos nós uma profunda revisão de valores, comportamentos e atitudes, não só em relação ao trabalho, como também na vida pessoal. Assistimos a uma verdadeira revolução, na qual a tecnologia é um fator preponderante, já que em uma certa medida rompeu as fronteiras entre o trabalho e a vida privada. Nesse mundo informatizado, conectado por celulares, computadores em rede e dominado pela mídia eletrônica, somos contatados todo o tempo em qualquer lugar, e espera-se que estejamos sempre acessíveis. Essa disponibilidade irrestrita é sinônimo de dedicação, investimento, compromisso e motivação, mas, ao mesmo tempo, é causadora de estresse, insegurança e frustração.

Nesse contexto altamente competitivo, movidas pelo imperativo da produtividade, as empresas passam a controlar o comportamento humano por meio de recompensas, punições, salários, bônus, prêmios e outras formas de incentivo. Ao utilizar esses recursos, na maioria das vezes, a organização não está trabalhando a motivação dos seus empregados, além de poder comprometer o nível de excelência da produtividade. Onde está o equívoco? Produtividade e motivação não dependem somente de incentivos externos, mas da interação entre indivíduo e organização: de um lado, os objetivos da organização; do outro, os objetivos das pessoas, isto é, o que elas buscam e esperam do trabalho.

Para motivar e manter motivada uma equipe, é preciso, antes de mais nada, compreender que ninguém motiva ninguém. Os motivos são internos e pessoais e, quando cada um de nós faz alguma coisa, é para obter um resultado desejável ou evitar um resultado indesejável, de acordo com nossas próprias necessidades. O segredo é, portanto, identificar quais são as aspirações e os desejos individuais para incentivar as pessoas a alcançar determinado objetivo. Também é necessário procurar aprender com a experiência acumulada de gestores e líderes, e com os pesquisadores que produziram conhecimento técnico-científico disponível em bibliografia especializada. Assim, trocar informações sobre experiências e conhecer a produção teórica a respeito do assunto são recursos valiosos para estabelecer um diálogo com a prática gerencial e o exercício da liderança.

Trabalho e motivação

Motivação pode ser definida como o processo responsável pela intensidade, direção e persistência dos esforços de uma pessoa para o alcance de uma determinada meta. A motivação, de maneira geral, se relaciona com o esforço em relação a qualquer objetivo. Nosso foco nos objetivos organizacionais reflete nosso interesse específico no comportamento relacionado com o trabalho.

Os três elementos-chave em nossa definição são: intensidade, direção e persistência. Intensidade refere-se a quanto esforço a pessoa despende. Este é o elemento a que mais nos referimos quando falamos de motivação. Contudo, a intensidade não é capaz de levar a resultados favoráveis, a menos que seja conduzida em uma direção que beneficie a organização. Portanto, precisamos considerar a qualidade do esforço, tanto quanto sua intensidade. O tipo de esforço que devemos buscar é aquele que vai em direção aos objetivos da organização e que é com eles coerente. Finalmente, a motivação tem uma dimensão de persistência. Esta é uma medida de quanto tempo uma pessoa consegue manter seu esforço. Os indivíduos motivados se mantêm na realização da tarefa até que seus objetivos sejam atingidos.

O que leva as pessoas a agirem na busca de determinados objetivos? Por que escolhem diferentes formas de agir? Por que se movem em uma direção e não em outra?

O fenômeno motivacional como processo psicológico é algo complexo. Sua compreensão tem sido objeto de diferentes abordagens teóricas.

Para Kurt Lewin, um dos autores que mais contribuíram para o estudo da motivação, a escolha feita por uma pessoa em determinada situação é ocasionada por motivos e entendimentos próprios do momento em que ela faz essa escolha. O comportamento apresentado por um indivíduo sempre reflete o seu passado e o seu futuro, isto é, a maneira como ele avalia o seu passado e projeta o seu futuro.

Freud aborda a motivação de forma dinâmica, ou seja, forças internas direcionam o comportamento. Essas forças internas são representadas pelos instintos, que fornecem uma fonte contínua e fixa de estimulação, que busca satisfação nos objetos do mundo exterior. A energia do instinto deve ser liberada e os indivíduos devem aprender a atingir certos objetivos que possibilitam a liberação dessa energia. Para Freud, a motivação humana é a busca de satisfação dos instintos inatos.

A teoria motivacional mais conhecida é a de Maslow (figura 9), que se baseia na hierarquia das necessidades humanas, constituída pelas necessidades biológicas (fisiológicas), psicológicas e sociais. Parte do princípio de que o ser humano sempre está à procura de algo, isto é, sempre possui uma necessidade a ser satisfeita. A motivação existe dentro das pessoas e se dinamiza por meio dessas necessidades humanas. Segundo este autor, existe uma hierarquia de cinco necessidades comuns a todas as pessoas:

❑ fisiológicas — fome, sede, sexo, abrigo e outras necessidades corporais;
❑ segurança — proteção contra danos físicos e emocionais;
❑ sociais (ou pertencimento) — afeição, aceitação, amizade, afeto, amor e sensação de pertencer a um grupo;
❑ estima (ou reconhecimento) — auto-avaliação, auto-estima, autoconfiança, necessidade de aprovação, busca de *status*, reconhecimento e consideração;
❑ auto-realização — intenção de tornar-se tudo aquilo que a pessoa é capaz de ser; inclui crescimento, autodesenvolvimento e alcance do próprio potencial.

Figura 9
HIERARQUIA DAS NECESSIDADES DE MASLOW

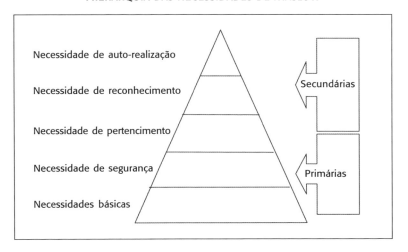

Algumas dessas necessidades são conscientes, outras não. Para Maslow, as necessidades humanas estão organizadas e articuladas numa pirâmide de importância e de influenciação do comportamento humano. Na base da pirâmide, estão as necessidades fisiológicas e de segurança, denominadas necessidades primárias, que podem ser satisfeitas por meio de remuneração, benefícios, estabilidade no emprego, conforto físico, horário de trabalho. No topo da pirâmide, estão as necessidades sociais, de estima e de auto-realização, denominadas necessidades secundárias, que podem ser satisfeitas por meio de amizade dos colegas, interação com clientes, orgulho e reconhecimento, promoções, trabalho desafiante e criativo, participação nas decisões.

As necessidades de ordem mais baixa devem ser satisfeitas para que uma necessidade de ordem mais elevada possa emergir. À medida que cada uma das necessidades é satisfeita, a próxima passa a influenciar a direção do comportamento. Segundo Maslow, uma necessidade não precisa ser totalmente satisfeita para a emergência de outra, pois uma necessidade relativamente satisfeita pode extinguir seu poder de motivação. Entretanto, uma necessidade muito pouco ou nada satisfeita pode gerar frustração, conflito e estresse, e resultar num desempenho indesejável. Assim, para buscar provocar a motivação em alguém, é preciso saber em que nível da hierarquia de Maslow a pessoa se encontra no momento e oferecer ou proporcionar meios compatíveis de satisfação neste nível ou no imediatamente superior.

A teoria dos dois fatores, formulada por Herzberg, faz a distinção entre satisfação no trabalho e motivação no trabalho. Os fatores que previnem a insatisfação e a formação de atitudes negativas são denominados fatores higiênicos, extrínsecos ou ambientais. São fatores de contexto, que se situam no ambiente externo que circunda o indivíduo, e abrangem as condições dentro das quais as pessoas desempenham seu trabalho. Assim, a qualidade da supervisão, a remuneração, as políticas da empresa, as condições físicas de trabalho, as relações interpessoais e a segurança no trabalho foram caracterizadas como fatores higiênicos. Se presentes, níveis mínimos de fatores higiênicos, como *status*, salário e segurança, apenas evitam a insatisfação das pessoas, mas não provocam a satisfação. Se ausentes ou precários, causam insatisfação. São, portanto, essencialmente profiláticos e preventivos. A melhoria dos fatores higiênicos servirá para remover os empecilhos à formação de atitudes positivas, mas não necessariamente produz atitudes positivas. No entanto, cria condições necessárias para que as pessoas venham a ser motivadas.

Os fatores que levam à motivação, denominados fatores motivacionais ou intrínsecos, pois estão diretamente relacionados com o conteúdo do cargo e com a natureza das tarefas que a pessoa executa, são os que influenciam diretamente a produtividade dos membros da organização. Portanto, é na execução da tarefa que o indivíduo poderá encontrar os meios de satisfazer as necessidades de desenvolvimento de seu potencial e realização de suas aspirações individuais. Assim, é por meio da tarefa que o indivíduo será motivado, mostrando uma relação direta entre produtividade e motivação. No que se refere à motivação, concluímos, portanto, que o conteúdo da tarefa é mais importante do que a ambiência na qual ela é conduzida.

Tradicionalmente, os cargos e as tarefas têm sido desenhados e definidos com a preocupação exclusiva de atender aos princípios de redução de custos e eficiência, esvaziando os aspectos de desafio e oportunidade para a criatividade individual. Com isso, perdem o significado psicológico para a pessoa que os executa e passam a ter um efeito desmotivador, provocando a apatia, o desinteresse e a falta de sentido na realização do trabalho, já que a empresa nada mais oferece além de fatores higiênicos.

A teoria da expectativa de Vroom, também conhecida como teoria da instrumentalidade, afirma que o nível de produtividade individual depende da inter-relação de três fatores determinantes:

- força dos desejos das pessoas para ganhar algum nível de força emocional e alcançar os seus objetivos individuais (expectativas);
- relação percebida entre desempenho e alcance dos objetivos individuais (recompensas);
- capacidade percebida de influenciar o seu próprio nível de produtividade (relações entre expectativas e recompensas).

Assim, o esforço apenas será empreendido se a pessoa desejar desempenhar bem seu trabalho e acreditar que pode fazer isso. Por outro lado, o desejo de uma pessoa de se desempenhar bem só será possível se ela perceber que a recompensa está associada ao seu desempenho. O terceiro resultado é função de esforço, percepção do valor das recompensas e competências do indivíduo, ou seja, o desempenho apenas será alto quando a pessoa possuir as aptidões necessárias, conhecer seus desejos e traçar metas, e investir o esforço necessário, dando o melhor de si para o alcance dos seus objetivos.

Muitos autores, quando se referem à teoria da expectativa, também empregam indistintamente o termo valência (valor da recompensa) como sinônimo de expectativa.

A espinha dorsal dessa teoria é a reflexão de que o comportamento humano é sempre orientado para resultados: as pessoas fazem coisas esperando outras em troca. É nesse sentido que o desejo pode transformar-se em ação.

A teoria da eqüidade de Adams tem como idéia central a norma da eqüidade, isto é, a crença compartilhada de que a igualdade no tratamento, incluindo recompensas individuais (pagamentos, benefícios, reconhecimento, condições de trabalho), é um direito de todos pelos esforços empreendidos (tempo e qualidade de dedicação) na busca dos objetivos organizacionais.

Pesquisas evidenciam que o complicador na percepção do equilíbrio entre contribuições e recompensas é que cada pessoa percebe suas próprias contribuições (investimentos) e as compara com as contribuições que as outras pessoas oferecem à organização. Além disso, compara também as recompensas (retornos) que recebe com as recompensas recebidas pelas outras pessoas. Quando há desequilíbrio nessa comparação, ocorre uma situação de iniqüidade, uma desarmonia entre o que ela vê e o que acredita ser direito, e a pessoa pode experimentar um sentimento de injustiça e insatisfação. Em tal situação de tensão, o empregado tenta reduzir o desequilíbrio, seja reivindicando mais recompensas, seja reduzindo suas contribuições, ou ainda cobrando maior esforço dos outros.

Segundo Motta (1997), do ponto de vista empresarial, todas as dimensões da motivação trazidas pelos conhecimentos sistematizados nas diversas correntes teóricas devem ser consideradas. Assim, a motivação pode ser transformada em projeto global de estratégia empresarial, com vistas a melhorar a produtividade e aumentar a satisfação individual.

Liderança e motivação

Quem é o responsável pela motivação das pessoas dentro das empresas? Deve ser a própria pessoa que deve se auto-abastecer de motivação pessoal ou a motivação é uma função gerencial? Como vimos, leitor, a motivação está contida dentro das próprias pessoas e pode ser amplamente influenciada por fontes externas ao indivíduo ou pelo próprio trabalho na empresa. A motivação pode e deve ser compreendida pelo gerente e utilizada como ponto de apoio para potencializar e alavancar a satisfação das pessoas. O líder deve conhecer o potencial de motivação de cada pessoa e deve saber como extrair do ambiente de trabalho as condições externas para elevá-la. O ponto de encontro é o conteúdo do cargo por meio de um desenho de cargo participativo e ajustado às demandas pessoais de cada ocupante, pois o peso relativo das necessidades varia intensamente de indivíduo para indivíduo.

O potencial sinergético contido nas necessidades motivacionais constitui um repertório básico de forças pessoais que é inerente a cada um. Uma liderança eficaz deve ter consciência da natureza global das necessidades humanas, e também reconhecer a importância das diferenças individuais em relação aos fatores motivacionais. Assim, os dirigentes devem lembrar que sistemas uniformes para satisfazer necessidades e melhorar a motivação para o trabalho servem tanto para motivar determinadas pessoas quanto para desmotivar outras. Por isso, não podemos compreender um líder insensível à importância das diferenças individuais na questão da motivação. Vejamos o que diz Bergamini (1994:4):

> Ao descobrir que a motivação representa um elemento-chave na eficácia do líder, o maior de todos os desafios que ele enfrenta seja inviabilizar o processo de degenerescência do potencial da sinergia motivacional. Pode-se perceber, através desse novo enfoque, que o ingênuo "chefe" esteja invariavelmente à procura de regras para motivacionar seu novo funcionário, enquanto o líder eficaz estará atento para que a riqueza de cada um não seja drenada e se perca, talvez para sempre.

Sabemos que as pessoas constituem o elemento básico das empresas. As pessoas interagem de alguma forma estruturada, fazendo com que a empresa exista e possa alcançar os seus objetivos organizacionais. Como as pessoas podem trabalhar conscientemente juntas para alcançar os seus objetivos individuais, as interações são decorrentes da necessidade de alcançar esses objetivos. Daí a importância do estudo dos objetivos individuais para a compreensão da vida organizacional, transformando-os em projeto global da estratégia empresarial, com vistas a melhorar a produtividade e aumentar a satisfação individual. O grau de sucesso ou fracasso para o indivíduo e a empresa depende da compatibilização desses objetivos.

O problema é que nem sempre esses objetivos são compatíveis entre si: o alcance de objetivos organizacionais nem sempre possibilita o alcance dos objetivos individuais e vice-versa. Algumas vezes, o alcance de um deles significa a desistência do outro. Assim, as pessoas se defrontam a todo momento com os seus objetivos individuais e os objetivos organizacionais. Cada indivíduo ingressa e permanece em uma empresa se ele acredita que isso pode levá-lo ao alcance de determinados objetivos pessoais. Caso contrário, ele perde o interesse em permanecer e contribuir. A participação das pessoas na empresa depende diretamente da idéia que elas têm a respeito de como a empresa poderá ajudá-las a alcançar os seus objetivos individuais. A eficácia de uma empresa é determinada pela forma com que seus objetivos são atingidos por meio das pessoas. Todavia, quando os objetivos são opostos, antagônicos e dissonantes, passa a existir um conflito e, conseqüentemente, poderá haver queda da motivação, desempenho insatisfatório e comprometimento da produtividade.

O importante é que o alcance do objetivo de uma das partes nunca venha a prejudicar ou a tolher o alcance do objetivo de outra. Ambas as partes devem contribuir mutuamente para o alcance dos seus respectivos objetivos.

A busca da motivação depende da capacidade do gestor de construir uma ponte de identificação entre os objetivos individuais e os objetivos organizacionais, tornando-se um importante agente na criação de climas mais favoráveis de trabalho, investindo nas pessoas, tornando-as capazes de criatividade, facilitando sua chegada à auto-realização e possibilitando-lhes visualizar um futuro melhor para si próprias e para a organização em que trabalham. Se obtivermos excelência nas pessoas, a excelência empresarial será conseqüência. Para tanto, convém observar o que afirma Motta (1997:202):

> Do ponto de vista individual, porém, a motivação se passa no domínio de alguma autonomia. É a autonomia de pensar e agir que aumenta as possibilidades de uma pessoa encontrar sua melhor maneira de contribuir. Assim, se existe uma dimensão individual na motivação, ela pressupõe algum grau de liberdade. Os limites da liberdade devem ser garantidos pelo sistema de incentivos e retribuição.

Clima organizacional e motivação

O clima organizacional é o indicador da satisfação dos membros de uma organização e está intimamente relacionado com a motivação. Retrata os aspectos críticos do ambiente interno que expressam o momento motivacional dos participantes da empresa, suas expectativas e aspirações. Nesse sentido, o clima organizacional traduz a influência ambiental sobre a motivação dos empregados e é um importante aspecto do relacionamento entre as pessoas e as organizações.

A interação entre pessoas e organizações funciona como um processo de reciprocidade com base em um contrato psicológico estabelecido a partir de expectativas recíprocas: de um lado, os objetivos individuais; de outro, os objetivos organizacionais. Enquanto as pessoas oferecem contribuições dedicando-se mais, ou menos, ao trabalho, as organizações oferecem incentivos ou recompensas, em busca de permanente equilíbrio, mantendo uma relação de interdependência e retroalimentação, isto é, o clima organizacional influencia o estado emocional das pessoas e é por ele influenciado.

Estudos revelam que o clima organizacional tende a ser alto quando há elevada motivação entre os empregados e proporciona relações de satisfação, envolvimento, interesse e colaboração. O clima organizacional tende a baixar quando há declínio da motivação, seja por frustração ou barreiras à satisfação das necessidades, causando estados de desânimo, desinteresse e descompromisso.

As características do trabalho constituem uma das condições ambientais mais importantes para influenciar os níveis de clima organizacional, que podem variar desde estados psicológicos de desinteresse e apatia até euforia e entusiasmo.

Uma das teorias mais influentes que relacionam a natureza do trabalho ao desempenho é a teoria das características do trabalho eleborada por Hackman e Oldham (ver Spector, 2002), que tem como base a crença de que as pessoas podem ser motivadas pela natureza intrínseca das tarefas do trabalho que realizam. Essa teoria afirma que as características do trabalho induzem estados psicológicos que provocam satisfação e motivação, interferindo no desempenho. Segundo os autores, as características do trabalho ou características principais são: variedade das habilidades, identidade das tarefas e importância da tarefa, que levam à experiência do significado do trabalho; a autonomia, que conduz ao sentimento de responsabilidade; e o *feedback*, que propicia o conhecimento dos resultados. Quando o trabalho é capaz de induzir esses três estados psicológicos, os indivíduos se sentem motivados e satisfeitos, e têm um desempenho melhor, como mostra a figura 10.

Figura 10
MODELO DE CARACTERÍSTICAS DO TRABALHO

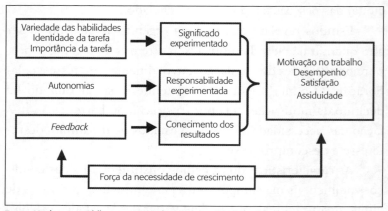

Fonte: Hackman e Oldhaman, 1976 (ver Spector, 2002:259)

O conceito de clima organizacional diz respeito, especificamente, às propriedades motivacionais do ambiente organizacional, ou seja, a determinados aspectos da organização, que levam a diferentes atitudes ou comportamentos, dependendo da percepção e das expectativas de cada indivíduo ou grupo. A estrutura dos trabalhos, programas de incentivos e recompensas, projetos de tecnologia ou quaisquer outras estratégias para provocar os motivos internos precisam ser desejados pelos indivíduos ou grupos.

As pesquisas de clima revelam que os motivos que impulsionam a ação geralmente são os desafios, as perspectivas de desenvolvimento profissional e pessoal, as oportunidades de treinamento, o reconhecimento e a valorização, a integração, o desejo de contribuir e de se sentir útil, a empatia com o estilo de liderança, o sentimento de justa remuneração, a segurança e a autonomia, criando um ambiente com características próprias.

Como observação final, leitor, devemos ressaltar que a motivação funciona de maneira cíclica e repetitiva, e que as necessidades humanas variam de acordo com a situação e o momento de cada pessoa. O comportamento é um processo contínuo de resolução de problemas e busca de satisfação de necessidades. O que é bom hoje poderá não ser satisfatório amanhã, dependendo da personalidade de cada indivíduo, suas expectativas e percepções, e do contexto político, econômico, social e cultural.

A motivação constitui o fator primordial tanto para a realização pessoal e profissional, quanto para a eficácia do desempenho das equipes.

Este capítulo abordou o conceito de motivação, as principais teorias motivacionais, a relação entre trabalho e motivação, liderança e motivação, clima organizacional e motivação, destacando a importância do trabalho e o significado da tarefa como fatores motivacionais.

Outro fator relevante para o desenvolvimento e resultados em *performance* nas equipes é a administração de conflitos, tema do capítulo seguinte.

6

Administração de conflitos

Este capítulo, leitor, aborda uma questão cada vez mais presente na sociedade e na vida das organizações: o conflito. O avanço tecnológico aumentou consideravelmente a magnitude desse problema. A necessidade de administrar construtivamente os conflitos se impõe como um dos aspectos mais importantes na agenda das lideranças contemporâneas. No capítulo abordaremos os seguintes temas: as causas do conflito; poder e conflito; liderança e conflito; criatividade e conflito; e competição e colaboração.

Desde a formação das primeiras sociedades humanas, os indivíduos vivem o dilema de conciliar suas necessidades pessoais com os interesses coletivos. O conflito faz parte da vida humana e é gerado pelas diferentes formas de pensar, sentir e reagir. Essas diferenças de pontos de vista e de valores podem ser canalizadas para fins construtivos ou destrutivos, dependendo do modo como são administradas na busca de satisfação das expectativas e interesses envolvidos. Em todas as relações humanas existem diferenças, divergências ou conflitos. Da mesma forma, os conflitos aparecem nas empresas, onde as pessoas precisam se relacionar a todo momento.

Causas do conflito

As transformações ocorridas ao longo da história consolidaram direitos como liberdade, justiça, educação, saúde, habitação, trabalho e outros, gerando expectativas que nem sempre podem ser satisfeitas. A não-satisfação dessas expectativas cria atitudes e reações desfavoráveis que ficam ampliadas quando pessoas desprivilegiadas não só deixam de ter acesso a novos empregos, salários e moradias, como também se vêem incapazes de exercer qualquer influência nas decisões referentes ao cumprimento desses direitos reconhecidos por lei, porém não garantidos na prática. Essa situação de exclusão leva a frustrações, agressões e angústias que produzem conflitos e efeitos destruidores. Entretanto, podemos observar outras causas para desacordos e conflitos de diversas naturezas entre indivíduos e grupos sociais, como afirmam Likert e Likert (1979:5):

> Existem, certamente, muitas outras fontes de conflito. Além das causas mais novas, geradas pela sociedade moderna, continuam inabaladas todas as causas antigas: lutas pelo poder, o desejo de êxito econômico, a necessidade de *status* e a exploração de terceiros. Conseqüentemente, por muitas razões, a sociedade atual pode estar sujeita a experimentar um aumento e não uma diminuição de conflitos. A necessidade de administrar construtivamente conflitos aumentará de importância a cada ano.

O conflito aparece sempre que há divergências de interesses e é visto como a luta de cada um dos lados por um resultado desejável para si, que, quando alcançado, impede o outro de obter um resultado favorável, produzindo, na maior parte das vezes, um sentimento de hostilidade.

Podemos diferenciar dois tipos de conflito na vida das organizações: o conflito decorrente dos aspectos emocionais e afetivos das relações interpessoais e o conflito relacionado à dinâmica das relações interpessoais na execução da tarefa. Os dois tipos de conflito dependem das características dos processos de interação. É a forma do relacionamento entre as pessoas que possibilita alianças ou rivalidades na busca de satisfação dos objetivos organizacionais e dos interesses pessoais. Um conflito é tido como solucionado quando as partes oponentes ficam satisfeitas com o resultado. Um conflito permanece sem solução enquanto uma das partes estiver insatisfeita com o resultado, comprometendo o bem-estar das pessoas e a solução dos problemas.

Poder e conflito

O poder é a capacidade potencial de um indivíduo de influenciar o comportamento de uma ou mais pessoas para agir em determinada direção ou para mudar a direção da ação.

Uma análise da organização a partir da relação entre poder e conflito busca compreender como a diversidade de interesses e a luta pelo poder dão origem a manobras diversas, à negociação e a outros processos de coalizão, construindo uma influência interpessoal que afeta a dinâmica das organizações.

Atualmente, o culto ao dinheiro, a ansiedade pela busca de promoções, a obtenção do sucesso a qualquer custo são elementos que podem levar a manobras maquiavélicas, num interminável jogo de competição e disputa que perturba a vida pessoal e profissional e o bom funcionamento das organizações.

Os conflitos e os jogos de poder ocupam muitas vezes o centro das atenções, dando origem a incontáveis intrigas interpessoais que impedem a canalização da energia humana para a execução das tarefas. Como as organizações têm tentado solucionar essa questão?

French e Raven (1959; ver Likert e Likert, 1979) desenvolveram importantes estudos sobre as várias possíveis bases de poder que nos auxiliam a compreender as alternativas utilizadas pelas empresas para resolver os conflitos. Destacaremos cinco delas que parecem ser especialmente comuns às organizações em geral.

❑ Poder de recompensa: baseado na percepção que a pessoa (sobre quem o poder é exercido) tem da capacidade de outra (quem exerce o poder) para conseguir recompensas para ela.

❑ Poder de coerção: baseado na percepção de que uma determinada pessoa pode aplicar punições.

❑ Poder legítimo: baseado na percepção de que uma pessoa tem o direito legítimo de determinar o comportamento de outra, ou seja, o reconhecimento de que alguém tem o direito de mandar e que os demais têm a obrigação de obedecer.

❑ Poder de referência (ou poder de atração): baseado na identificação de uma pessoa com a outra.

❑ Poder de perícia (ou poder de especialista): baseado na percepção e reconhecimento de que uma pessoa possui conhecimentos ou perícia especial dentro de uma determinada área. Contudo, se o indivíduo tentar impor seus conhecimentos para exercer influência sobre o outro, pode gerar ressentimentos e perder o poder de influenciar o comportamento do outro.

O quadro 13 busca sintetizar o que foi explicitado.

Quadro 13
BASES DE PODER PARA RESOLUÇÃO DE CONFLITOS

Poder de recompensa	Baseado na percepção que a pessoa (sobre quem o poder é exercido) tem da capacidade de outra (quem exerce o poder) para conseguir recompensas para ela
Poder de coerção	Baseado na percepção de que uma determinada pessoa pode aplicar punições
Poder legítimo	Baseado na percepção de que uma pessoa tem o direito legítimo de determinar o comportamento de outra, ou seja, o reconhecimento de que alguém tem o direito de mandar e que os demais têm a obrigação de obedecer
Poder de referência (ou poder de atração)	Baseado na identificação de uma pessoa com a outra
Poder de perícia (ou poder de especialista)	Baseado na percepção e reconhecimento de que uma pessoa possui conhecimentos ou perícia especial dentro de uma determinada área

A resolução de conflitos pode ocorrer por meio de processos tais como os descritos a seguir.

❏ Ganhar/perder: cada parte em disputa busca coagir a outra a buscar sua solução preferida. Essa situação é uma resolução radical e total (ganhar tudo ou perder tudo). É a tradicional atitude "ou tudo ou nada", típica da colisão frontal de interesses, como as guerras, as greves, as demissões e afins.

❏ Ganhar/ganhar: cada parte tenta compreender os pontos de vista e as necessidades da outra, e está disposta a fazer concessões para que ambas as partes atinjam os objetivos desejados. Embora esse procedimento não constitua uma vitória total, o resultado beneficia ambas as partes. É a inovadora atitude "bom para todos".

Na figura 11 ilustramos esses conceitos.

Figura 11
PROCESSOS PARA RESOLUÇÃO DE CONFLITOS

Liderança e conflito

Ao aceitarmos o desafio de uma sociedade competitiva em constante mudança, em que a liberdade individual está cada vez mais condicionada às pressões econômicas, políticas e culturais, exige-se de cada um de nós que assuma o controle sobre a própria vida pessoal e profissional, tornando-se capaz de resolver problemas e conflitos internos e externos.

No mundo empresarial dinâmico e complexo de hoje, onde as organizações só sobrevivem se conquistarem novos mercados, as pessoas que ocupam funções de liderança sofrem cada vez mais a pressão por resultados e deparam-se com um grave dilema: de um lado, atender às metas das organizações, e de outro, às necessidades dos empregados.

Para sobreviver, as organizações precisam cortar custos, aumentar a produtividade e melhorar a qualidade de seus produtos e serviços. A fim de alcançar esses objetivos, elas necessitam contar com o elemento mais significativo do sistema: as pessoas. Por sua vez, a maioria das pessoas, para garantir sua sobrevivência, alcançar suas metas e realizar seus projetos de vida, precisa das organizações. Ainda que em muitos países boa parte da força de trabalho se encontre desempregada ou trabalhando na economia informal, essa situação não é desejável, nem para o país nem para as pessoas.

Nesse sentido, organizações e pessoas dependem umas das outras, e precisam aprender o modo de viver e trabalhar de forma produtiva e construtiva para ambas as partes. Taylor, no início do século passado, afirmava não ser possível haver conciliação entre a pressão pelos resultados (interesse pela produção) e as necessidades e aspirações pessoais e profissionais (interesse pelas pessoas). Não há, portanto, uma postura de busca de entendimento e de negociação, mas apenas uma confrontação. Os conflitos conseqüentes entre o capital e o trabalho são inevitáveis e são administrados segundo o processo ganhar/perder.

Douglas McGregor e os teóricos do movimento de relações humanas, que sucederam a Taylor, acreditam que as pessoas buscam realização e que são capazes de se empenhar positivamente no trabalho, comprometendo-se com as metas organizacionais, tornando-se, assim, parceiras das organizações. Para tanto, há necessidade de serem instituídas novas relações de poder que estabeleçam uma nova concepção de mando e subordinação, a fim de que as organizações venham a adaptar-se às pressões para a democratização do poder.

Segundo Likert e Likert (1979), a liderança baseada na premissa de que os interesses pela produção e os interesses pelas pessoas podem ser integrados consiste em que a administração de conflitos pode ser aperfeiçoada por meio da substituição da estrutura e dos processos tradicionais por outros baseados em um sistema social mais eficaz, denominado sistema participativo.

Dentro da abordagem participativa, a organização de uma equipe eficaz de trabalho, constituída pelo gerente e seu pessoal, é vista como uma importante tarefa de planejamento, direção e controle compartilhados, onde cada funcionário, seja gerente ou não, é estimulado a contribuir em todas as etapas do processo de trabalho. Esse estilo de gerenciamento é denominado também gerência em grupo. Ela pressupõe que as pessoas desejam dar um sentido ao seu trabalho e que a responsabilidade no planejamento e direção do trabalho podem tornar as funções mais significativas. Portanto, esse estilo de gerenciamento tem a tarefa de liderar, e não controlar e pressionar. A gerência em grupo procura integrar aptidões e contribuições e o relacionamento entre as equipes, incorporando na prática as competências de liderança. A maneira mais realística de que o gerente dispõe para resolver os problemas tecnológicos e emocionais com os quais se defronta no dia-a-dia é por meio da integração de seus dois interesses básicos: a produção e as pessoas.

A partir da década de 1980, a liderança participativa ganhou expressão no mundo empresarial e passou a enfrentar diretamente os conflitos, frustrações e problemas de produção, assumindo suas responsabilidades ao mesmo tempo que encoraja sua equipe a fazer o mesmo.

Pesquisas realizadas em organizações em diversos países demonstraram que o sistema participativo contribui para o aumento da produtividade, maior engajamento e satisfação dos empregados, e melhoria considerável da capacidade de resolver os conflitos de forma construtiva.

Segundo Lakatos (1997:111-112), as principais características que demonstram a superioridade do sistema participativo para a administração de conflitos são:

- as comunicações, em todas as direções, são mais precisas e adequadas; as percepções também são mais precisas e, se ocorrem distorções, elas são prontamente corrigidas; a capacidade de exercer influência em qualquer nível hierárquico é maior, pois, além da comunicação em todas as direções, há influência dentro da rede interação/influência da qual fazem parte;
- cada membro da organização sente-se mais ligado a ela, tem maior responsabilidade por seu êxito e assume riscos para impedir seu fracasso e cumprir seus objetivos;
- a influência e a responsabilidade são dois aspectos da motivação. Além disso, há mais crédito, confiança, empenho geral pelo sucesso, há mais lealdade entre grupos;
- uma coordenação eficiente vem de melhor comunicação, maior motivação. A influência recíproca e a estrutura organizacional proporcionam maior encadeamento, tanto lateral como vertical;
- os problemas são descobertos em fases iniciais e prontamente solucionados; a solução dos mesmos dá-se através da estrutura grupal; as decisões grupais são melhores que as tomadas por um indivíduo. As soluções alcançadas, através de um grupo, serão provavelmente bem executadas, já que as pessoas compreendem as decisões que ajudaram a tomar, e se sentem altamente motivadas para vê-las postas em prática.

O princípio mais importante para um líder que pretende adotar o sistema participativo no exercício de suas funções pro-

125

fissionais, ou aplicá-lo a uma dada situação de conflito, é o de desenvolver relacionamentos de apoio, partindo do pressuposto de que os indivíduos possuem um forte desejo de se associar, ser úteis e reconhecidos no seu valor pessoal. Aos líderes, não basta acreditar nesse princípio, mas ter concretamente um comportamento de apoio, estabelecendo um processo de comunicação genuíno, transparente e de conexão de idéias e informações em todas as direções.

Os líderes são, muitas vezes, insensíveis e incorretos em suas percepções do próprio comportamento e do comportamento dos outros. Para aplicar com eficiência o princípio dos relacionamentos de apoio, os líderes devem ser pessoas sensíveis, com uma percepção razoável das atitudes e comportamentos dos outros, além de serem preponderantemente generosos consigo mesmos e com os outros. Caso contrário, deveriam buscar aprimorar a autopercepção, ponto de partida essencial para desenvolver a capacidade de perceber o outro.

A seguir, numa perspectiva sistêmica, veremos as relações entre criatividade e conflito.

Criatividade e conflito

O impacto das novas tecnologias na reestruturação produtiva, vivido a partir da década de 1980 nos países altamente industrializados, trouxe mudanças radicais no processo de trabalho, alterando métodos e procedimentos na elaboração de produtos e execução de serviços, vindo a perturbar o desenrolar tradicional do sistema de produção. Esse fato trouxe para a vida das organizações diversos incidentes críticos ou eventos que ultrapassaram a capacidade rotineira de assegurar a auto-regulação do sistema produtivo. Isso implicou que a competência não estava mais contida nas predefinições da tarefa, e as pessoas precisavam estar sempre mobilizando recursos para resolver as novas situações de trabalho. Nem tudo estava escrito nos manuais. Para enfrentar esse problema, tornou-se necessária e urgente a criação de idéias novas — um apelo à invenção e à criatividade.

No entanto, a busca desenfreada pelo lucro no mundo altamente competitivo dos negócios e a pressão para acertar não suportam perda de tempo ou falhas que supostamente impliquem prejuízos econômico-financeiros. É comum no dia-a-dia das organizações a idéia de que se você acerta, que bom, não fez mais que sua obrigação. Entretanto, se você erra, é alvo de críticas e punições. Esse fato tem gerado um verdadeiro dilema no relacionamento das pessoas com as organizações: como criar sem nunca poder errar?

Ora, isso é impossível. O desenvolvimento de novas tecnologias para desenhar e construir novos produtos e serviços envolve milhares de testes e modificações em seus projetos, na busca de um aprimoramento contínuo para melhor atender às necessidades dos consumidores. É um processo que exige investimento, ensaio e alguns inevitáveis erros. Não é possível inovar sem assumir riscos. Se não fossem os inovadores, provavelmente ainda viveríamos no tempo da pedra lascada. Você concorda, leitor? Na medida em que as novas idéias contrariam as normas e os padrões estabelecidos, cria-se uma situação de conflito. É essa luta entre o velho e o novo que move o mundo: a construção do novo envolve a destruição do velho. Essa transição não é necessariamente tranqüila nem desprovida de ônus. Vale lembrar que a geração de idéias novas é sempre um processo coletivo, que exige mudanças individuais, grupais e estruturais, que só se realiza numa atividade permanente de aprendizado não só de técnicas e de procedimentos, mas de valores, atitudes e comportamentos. Diz-nos Motta (1994:236):

> Portanto, devem-se considerar a integração e as discrepâncias dos valores, interdependências e compromissos existentes, por-

que, muitas vezes, estes são mais importantes para a adoção das mudanças propostas e a solução dos conflitos delas provenientes do que os argumentos técnico-racionais dos projetos de inovação.

A criatividade é uma característica que existe em todos os indivíduos, e não uma qualidade inata, propriedade de poucos. Os estímulos do meio podem desenvolver ou inibir o potencial criativo com que todos nascemos, favorecendo ou dificultando a produção e a circulação de idéias novas. Propor desafios e novas experiências de vida constitui uma base favorável ao desenvolvimento do potencial de criatividade que existe em todos os indivíduos. Vale lembrar, também, que as idéias novas não são suficientes para produzir inovações. Para garantir sua implantação, torna-se necessária sua aceitação coletiva. Assim, o que vale uma grande idéia sem o consentimento do outro? Pense nisso, leitor.

Como dissemos, para inovar é preciso correr riscos. Mas os riscos geram ansiedade, incerteza e medo. A modernidade fez crescer a consciência do risco, que deixou de ser visto como uma fatalidade, fruto do acaso, e passou a ser percebido como decorrente da atividade humana. Na realidade, ansiedade, incerteza e medo atingem todos nós, mas nos impactam de diferentes maneiras, dependendo de como lidamos com esses sentimentos.

O tema da ansiedade e do medo desperta grande atenção não apenas pela consciência social sobre os numerosos fatores de risco, como também pela propagação de hábitos e estilos de vida que afetam a saúde e o bem-estar humanos. Conseqüentemente, acentuou-se também o estudo de fatores do trabalho ocasionadores da ansiedade, principalmente os interligados ao risco e à incerteza na tomada de decisão.

Segundo Hofstede (ver Wagner III e Hollenbeck, 2004), o grau em que as pessoas se sentem à vontade em situações ambíguas nas quais não é possível prever com segurança acontecimentos futuros é definido pela dimensão da aversão à incerteza. Num dos extremos dessa dimensão, as pessoas com pouca aversão à incerteza sentem-se à vontade, mesmo quando inseguras sobre atividades correntes ou eventos futuros. No extremo oposto, as pessoas caracterizadas por uma grande aversão à incerteza sentem-se mais à vontade quando têm uma sensação de certeza quanto ao presente e ao futuro. Suas atitudes em relação à incerteza e questões correlatas estão formuladas no quadro 14.

Quadro 14
ATITUDES EM RELAÇÃO À INCERTEZA

Pouca aversão à incerteza	Muita aversão à incerteza
A vida é essencialmente incerta e é mais fácil lidar com ela se ela for vivida um dia de cada vez	A incerteza inerente à vida é ameaçadora e deve ser constantemente combatida
É desafiador assumir riscos na vida	É importante ter uma vida estável e segura
Desviar-se das normas não é arriscado; é essencial tolerar as diferenças	Pessoas e idéias desviantes são perigosas e não devem ser toleradas
O conflito e a competição podem ser controlados e utilizados de maneira construtiva	O conflito e a competição podem desencadear a agressão e devem ser evitados
Deve haver o mínimo de regras possível. As regras que não podem ser mantidas devem ser alteradas ou eliminadas	Há necessidade de regras e regulamentos rígidos; se as pessoas não concordam com eles é por causa da fragilidade humana, não por falhas nas regras e regulamentos

Como vimos, a percepção humana é um importante instrumento que favorece a imaginação e a criatividade, mas também é a fonte de dúvidas e receios sobre a capacidade de resposta diante das incertezas e ameaças externas. Perigos há em toda parte. Para enfrentá-los, é preciso ter consciência dos próprios recursos, limitações e preconceitos, assim como avaliar a extensão deles em determinadas circunstâncias. A percepção do risco é variável de pessoa para pessoa, indo desde o pânico paralisante até a negação de sua existência. Para enfrentar a realidade e buscar resolver os problemas, há, pelo menos, três tipos de atitudes.

- Onipotência ou autoconfiança excessiva: comum às pessoas que exageram na estimativa da própria capacidade e acreditam que, sozinhas, podem mudar a realidade. Sentem-se donas da verdade e superiores aos outros. São portadoras de um otimismo exagerado. Sentir confiança excessiva é ser irrealista. O mais grave na confiança excessiva é a decisão ruim, porque, ao não reconhecer suas falhas, despreza o valor de aprender com os próprios erros.
- Impotência ou falta de autoconfiança: ao contrário da primeira atitude, as pessoas se sentem frágeis, desprotegidas e ameaçadas diante da realidade. Desconhecem sua capacidade de poder interferir na busca de solução dos problemas que, na opinião delas, são sempre criados pelos outros, dos quais elas se consideram vítimas. São portadoras de um pessimismo exagerado e de uma consciência ingênua de que seu comportamento é objeto da ação dos outros. Essas pessoas são reativas e omissas, e costumam responsabilizar os outros pelos fracassos ocorridos. Não acreditam que seja possível mudar a realidade.
- Potência ou confiança em si e nas pessoas: ao contrário das atitudes de onipotência e impotência, essas pessoas acreditam que a realidade é mutável, produzida e reproduzida por elas, ao mesmo tempo em que elas são produzidas e reproduzidas pela realidade. São conscientes de que ora são sujeitos da ação, ora são objeto (não-passivo) da ação dos outros. Proativas e portadoras de um otimismo realista, pos-

suem uma consciência crítica que lhes permite avaliar suas próprias dificuldades e possibilidades, assim como as dos outros, em um determinado contexto. Acreditam que podem, junto com os outros, mudar a realidade, não segundo seus desejos, mas dentro de um ideal possível. Essas pessoas são capazes de transformar ameaças em oportunidades e aprendem com seus próprios erros.

A figura 12 busca sintetizar o exposto.

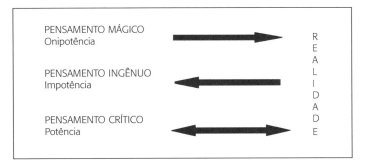

Figura 12
ATITUDES FRENTE À REALIDADE

No item a seguir, veremos as contradições entre colaboração e competição nas organizações contemporâneas.

Colaboração e competição

A moderna organização do trabalho exige novas relações de poder e formas participativas na busca de soluções para os diversos conflitos inerentes à execução das atividades em equipe. A participação nasce como instrumento para a cooperação e a solução de conflitos. Atualmente, fala-se muito em delegação de poderes como uma forma de autorizar o outro a tomar decisões e, conseqüentemente, a assumir responsabilidades. No entanto, gestores queixam-se de que boa parte das pessoas não estão preparadas para essa tarefa. Onde está o problema?

Para responder a essa pergunta, é preciso, antes de mais nada, leitor, saber um pouco mais sobre a natureza do conflito acirrado entre colaboração e competição na sociedade contemporânea. No contexto atual, ao mesmo tempo que as empresas estimulam o trabalho em equipe, porque nunca dependeram tanto dele para garantir a eficácia de seus objetivos, incentivam o individualismo e a competição entre seus membros na identificação de novos talentos em busca dos melhores. Essa situação acirrou o desejo das pessoas de externar e ressaltar suas diferenças, tornando-se cada vez mais difícil reviver o espírito de equipe e reconstruir relações solidárias. A escassez de recursos para satisfazer expectativas e desejos, e até premiar os talentos individuais, também tem gerado conflitos entre os membros das equipes. Na realidade, as empresas estão colhendo resultados do aumento de produtividade, decorrentes da gestão participativa, sem que seja observada em igual rapidez a introdução de sistemas de recompensa adequados.

Para você refletir

Numa empresa que tem por estratégia incentivar os seus empregados na busca do aprimoramento contínuo, definindo metas e objetivos desafiadores que, ao final, todos alcançam, e que, para otimizar a relação custo-benefício, tem somente um número limitado de bônus, como premiar os melhores? Essa situação tem deixado alguns líderes num verdadeiro dilema para administrar conflitos dessa natureza que podem desestabilizar seu papel e causar mal-estar na equipe, afetando seu desempenho, além de frustrar o investimento das pessoas no seu desenvolvimento profissional. Não tem sido pouco comum ouvirmos, em salas de aula, queixas do tipo: de que adianta me esforçar, se a empresa não reconhece minha dedicação e esforço?

Os conflitos são vistos principalmente como lutas de interesses e, conseqüentemente, nas relações com o poder. Porém, suas causas são mais abrangentes, incluindo dimensões psíquicas, sociais e econômicas. Segundo Motta (1997), conflitos novos ou reativação de antigos conflitos são inerentes ao meio organizacional, marcado por mudanças cada vez mais rápidas. Para aqueles que acreditam que é possível conciliar os interesses das pessoas com os da organização, a participação constitui uma forma dinâmica de restaurar o equilíbrio de poder e encaminhar soluções para os conflitos reais ocasionados por essas mudanças.

Nesse sentido, uma das maiores contribuições é a de Simon (ver Lakatos, 1997:56). Apesar de reconhecer a condição hierárquica presente nas organizações, ele afirma que a empresa é um conjunto cooperativo para a tomada de decisões em grande parte racional, ignorando qualquer conflito de interesses gerados pela reprodução do sistema de classes da sociedade capitalista. Para esse autor, o comportamento do indivíduo orientado para a tomada de decisões é apoiado pelo domínio das informações necessárias num plano bem formulado, onde as decisões individuais podem ser integradas para servir aos objetivos das organizações. Como não é possível conhecer todas as informações que assegurem totalmente aos indivíduos os aspectos importantes de uma tomada de decisão (efeitos provocados por seu comportamento, reações dos demais, expectativas dos futuros resultados), uma das funções da liderança é criar um ambiente psicológico de apoio e troca de informações, que permita agir dentro de uma margem de riscos calculados e corrigir possíveis erros e distorções no processo.

As formas participativas encontram justificativa na crença da existência de interesses comuns. Quando esses interesses são reforçados, não só se aumenta o grau de cooperação como também se criam maneiras mais eficazes de resolver conflitos, sem, no entanto, eliminar as situações geradoras de posições conflitantes.

Para encerrar por ora esta discussão, leitor, precisamos reconhecer que a adoção dos novos modelos de gestão tem produzido contradições no interior das empresas numerosas. Uma delas, e certamente a mais importante, é a redistribuição do poder no interior das organizações que, certamente, dificulta a estratégia da delegação. Quando se fala em empoderamento, reduzem-se os níveis organizacionais ou o presidente da empresa abre as portas para os seus empregados. Na prática, a administração das empresas pouco se ocupa em que áreas e em qual quantidade ela está realmente disposta a ceder espaço para os empregados. Embora verifiquemos em várias empresas esforços honestos por parte de líderes conscientes e comprometidos na implantação dos novos modelos participativos, eles esbarram em condições objetivas de natureza econômica, política, social e cultural, que devem ser levadas em conta para implementar um verdadeiro processo de mudança. Como consultoras, temos presenciado iniciativas bem-sucedidas de implantação desse processo em diversas empresas. Ao mesmo tempo, temos encontrado em algumas organizações a adoção de modismos que produzem práticas inconsistentes, gerando descrédito e desconfiança nas práticas participativas.

A questão da distribuição do poder entre os que possuem o direito de mandar e aqueles que têm a obrigação de obedecer nos é descrita com densidade e beleza nestes versos do poeta Vinicius de Moraes:

> Ah, homens de pensamento,
> Não sabereis nunca o quanto
> Aquele humilde operário
> Soube naquele momento!
> Naquela casa vazia
> Que ele mesmo levantara
> Um mundo novo nascia
> De que sequer suspeitava.
> (.............................)
> Ao alto da construção
> E num momento de tempo
> Mostrou-lhe toda a região
> E apontando-a ao operário
> Fez-lhe esta declaração:
> – Dar-te-ei todo esse poder
> E a sua satisfação
> Porque a mim me foi entregue
> E dou-o a quem bem quiser.
> Dou-te tempo de lazer
> Dou-te tempo de mulher.
> Portanto, tudo o que vês
> Será teu se me adorares
> E, ainda mais, se abandonares
> O que te faz dizer *não*.
>
> (Vinicius de Moraes, *Operário em construção*)

Conflito: possíveis soluções

O conflito, em si, leitor, não é patológico nem destrutivo, mas devemos reconhecer que existe um modo construtivo e um modo destrutivo de proceder em tal situação. O conflito pode ter consequências fundamentais para o amadurecimento do trabalho em equipe ou consequências disfuncionais e desintegradoras, dependendo de sua natureza, dimensão (número de participantes), intensidade (grau de envolvimento dos indivíduos), estágio de evolução, motivação dos oponentes, contexto e forma como é tratado. De um ponto de vista amplo, o conflito tem muitas funções positivas. Previne a estagnação decorrente da constante concordância, estimula o interesse e a curiosidade pelo desafio da oposição, descobre problemas e demanda sua resolução. Funciona, verdadeiramente, como a base de mudanças pessoais, grupais e sociais.

A partir de uma perspectiva comportamental, o conflito pode expressar-se por meio de atitudes de indiferença, apatia, alienação, ou por meio de fugas como absenteísmo, atrasos, sabotagens, boicotes, hostilidades e até agressões.

As diferenças nas maneiras de perceber, pensar, sentir e agir dos indivíduos podem contribuir tanto para a criatividade quanto para aumentar o conflito. As diferenças não devem ser temidas, mas sim administradas com o objetivo de criar um ambiente em que elas sejam resolvidas de forma integrada e integradora, de modo a satisfazer as necessidades e expectativas das partes interessadas. O manejo eficaz das diferenças pode ter um impacto significativo não só para a produtividade, mas para a melhoria da qualidade de vida nas organizações. Entretanto, não há uma solução pronta que seja aceitável para todos. Quando um grupo busca ser inovador na solução de problemas, a diversidade pode ser um grande recurso ou um grave risco. Ocultar, suprimir ou contemporizar o conflito com medidas burocráticas torna muito grande a probabilidade de o desacordo continuar ou se deteriorar numa luta interminável, prevalecendo a hostilidade e a desconfiança. Cedo ou tarde, ele ressurgirá, assumindo outras formas mais, ou menos, mascaradas.

A liderança de um grupo exerce um papel de grande importância na resolução do conflito, ao determinar a condução das divergências para uma solução produtiva dos problemas ou para estimular o grupo numa disputa ganhar-perder. É também particularmente importante a maneira como o líder percebe a diversidade e aceita os transgressores para estimular o comportamento inovador, como assinala Maier:

> A aceitação de uma solução também aumenta quando o líder considera o desacordo como fonte de produção de idéias, e não como um foco de dificuldades ou distúrbios. Os líderes que consideram alguns de seus participantes perturbadores obtêm poucas soluções inovadoras e recebem menor aceitação para decisões tomadas do que os líderes que consideram os membros discordantes como pessoas de idéias. (Maier, 1967; ver Likert e Likert, 1979:143)

Outra questão a ser considerada é a de que a capacidade de um grupo em conflito desenvolver uma solução inovadora que seja aceita por todos é também influenciada pelas atitudes dos componentes do grupo. A maneira como cada membro escuta e encoraja cada um dos outros, especialmente os mais afastados, afeta enormemente a capacidade de encontrar soluções criativas e proveitosas para a solução de problemas, além de contribuir para o aumento do nível de confiança, lealdade e franqueza. Essa tarefa não é nada fácil, mas pode ser aprendida tanto pelos líderes quanto pelos grupos. Não se faz isso a curto prazo. Seus efeitos ocorrem aos poucos e são percebidos a médio e longo prazos. Desejar uma mudança rápida pode gerar descrédito e frustração, aumentando a possibilidade de agravamento do conflito.

Existem diferentes maneiras de abordar a administração do conflito. Nadler, Hackman e Lawler (ver Lakatos, 1997:115) resumiram essas abordagens gerais em: abordagem estrutural, abordagem de processo e abordagem mista.

A *abordagem estrutural* (agir sobre os sistemas) procura atuar sobre condições preexistentes na organização, que também podem ser consideradas fontes ou causas do conflito, tais como diferenciação, metas divergentes, recursos compartilhados e interdependência. Seus principais objetivos e estratégias são:

❑ minimizar as diferenças entre os grupos, identificando objetivos comuns que possam ser compartilhados por eles, usando um sistema de recompensas formais;

❑ reduzir a diferenciação dos grupos por meio do reagrupamento dos indivíduos, de modo que o grupo conflitante se torne parte de outro maior;

❑ fazer rodízio dos componentes dos grupos. Dessa forma, os indivíduos podem adquirir uma melhor compreensão de outras perspectivas, visualizando objetivos comuns;

❑ para diminuir a interdependência e suas oportunidades de interferência, os grupos em situação de impasse podem ser separados física e estruturalmente, o que reduz ou dificulta possíveis conflitos.

Para os adeptos dessa abordagem, não há nada de pessoal nessas disputas entre grupos, mas apenas questões de natureza estrutural.

A *abordagem de processo* (agir sobre as causas) é a intervenção no episódio do conflito, para alterar o processo com o uso de uma terceira parte para se construir uma rede de interação e influência, visando restabelecer o equilíbrio, com a modificação de atitudes desfavoráveis das partes envolvidas. A terceira parte, que tem por função desempenhar um papel de coesão, pode ser uma pessoa de fora, um líder, um consultor, ou até mesmo outra pessoa escolhida por uma das partes. Trata-se, na verdade, de lançar mão de um mediador ou um árbitro.

O mediador não resolve o problema nem impõe uma solução. Sua função é ajudar as pessoas a chegarem a um acordo que seja bom para ambas, deixando-as satisfeitas e comprometidas com suas posições após encontrarem a melhor solução por sua própria conta.

O árbitro interfere no processo de resolução do problema, podendo optar pela solução proposta por um dos participantes, chegar a um meio-termo entre as propostas das partes envolvidas, ou até mesmo propor uma solução completamente diferente. Uma das desvantagens da arbitragem é que os envolvidos podem não ficar satisfeitos com o resultado e não seguir as recomendações propostas.

Assim, antes de utilizar uma terceira parte no processo de resolução de conflitos, é fundamental refletir sobre a conveniência de solicitá-la e deixar claro para todos o papel a ser desempenhado por essa terceira parte. A abordagem de processo pode ser realizada de três diferentes maneiras.

❑ Desativação do conflito por meio de atitudes cooperadoras: procura identificar e estimular atitudes de colaboração existentes, que podem provocar reações cooperativas, desarmando o conflito e predispondo as partes a um entendimento harmônico e duradouro.

❑ Confrontação direta: procura auxiliar o grupo a expressar sentimentos e emoções, discutir e identificar as áreas de conflito antes da busca de solução. Ocorre quando a possibilidade de desativação já foi ultrapassada. Nesse ponto, é preciso resolver primeiramente as questões da área afetiva, sem o que dificilmente as pessoas se integrarão no plano racional.

❑ Colaboração: procura solucionar os problemas colocando as pessoas para trabalhar juntas e identificar soluções favoráveis às partes envolvidas, o que exige que se façam concessões na busca do acordo. É utilizada após ultrapassar a oportunidade de desativação e quando não há clima favorável à confrontação.

A *abordagem mista* é a administração do conflito levando em conta os elementos estruturais e de processo. Um dos métodos é a adoção de regras e procedimentos, influenciando o processo de resolução de conflitos por intermédio de meios estruturais. Outra maneira é criar papéis de ligação por meio de pessoas ou grupos que vão intermediar a tarefa de comunicação entre as partes conflitantes, diluindo as áreas de atrito e coordenando os esforços para o desempenho efetivo da tarefa em direção aos objetivos globais da empresa. Enquanto os consultores de processo ou da terceira parte são efetivamente passageiros, os papéis integradores ou de ligação são parte permanente da organização. O gestor/líder pode desempenhar um papel integrador na medida em que surja a necessidade de intervir nas questões estruturais ou na dinâmica dos grupos.

O quadro 15 resume as abordagens aqui apresentadas.

Quadro 15
ABORDAGENS PARA ADMINISTRAÇÃO DE CONFLITOS

Abordagem estrutural	Atua sobre condições preexistentes na organização
Abordagem de processo	Modifica o processo com o uso de uma terceira parte
Abordagem mista	Leva em conta os elementos estruturais e de processo

Para você refletir

Na sua opinião, leitor, qual dos métodos apresentados se aplica melhor à realidade da sua empresa? Por quê? Para enriquecer essa discussão, converse com pessoas que desempenham funções de gerente na sua ou em outras empresas.

Neste capítulo, apresentamos elementos básicos para a compreensão dos conflitos, assim como maneiras possíveis de lidar com eles. O importante é ter em mente que não há um estilo ideal, nem verdades absolutas, sendo perigosa qualquer classificação inflexível, pois raramente as pessoas e situações se ajustam a essas classificações puras. Convém lembrar que a ordem e a desordem, a instabilidade e a incerteza, cada vez mais presentes no nosso cotidiano, acirraram os conflitos, obrigando-nos a desenvolver habilidades para a tomada de decisões.

Como não há respostas absolutas para enfrentar essa realidade, é preciso, antes de mais nada, compreendê-la e relativizar pontos de vista, adotando o diálogo e a negociação como estratégias capazes de dividir com o outro o saber, as habilidades e os sentimentos, a fim de compartilhar dificuldades e buscar saídas.

Em síntese, somente por meio de uma consciência crítica e maturidade emocional seremos capazes de conviver com as diferenças e aprender a confiar no outro, fortalecendo a rede de solidariedade que sempre sustentou a vida em sociedade, como nos alerta o depoimento de um líder estudantil:

> Queremos fazer a sociedade voltar a uma escala humana. Uma escala suficientemente pequena para que nós possamos participar das decisões que nos afetam. Queremos uma sociedade na qual nosso lugar não seja predeterminado por nascimento e circunstância. Queremos uma sociedade que tolere candura e espontaneidade. Queremos reter o controle sobre nossas próprias vidas
> (Wierzynski, 1969; ver Likert e Likert, 1979:9).

Conclusão

Como você, caro leitor, pôde perceber, este livro pretendeu abrir um espaço de diálogo com nossa vivência de sala de aula, com os autores que nos orientam na construção do conhecimento sobre liderança de equipes, e com você, que certamente o confrontará com sua realidade de trabalho, entregando-se a questioná-lo com suas dúvidas e idéias, fertilizando-o com sua inteligência, o que, sem dúvida, abrirá caminhos para novas reflexões que o farão avançar na prática da gestão. Além disso, queremos destacar que em todo o nosso trabalho adotamos um ponto de vista baseado em três premissas:

- ❑ não é possível entender o comportamento humano sem levar em conta as circunstâncias históricas em que ele ocorre;
- ❑ reconhecer que o papel essencial da liderança é sua função educativa;
- ❑ compreender que o exercício da liderança se faz em meio a contradições e paradoxos da sociedade, e que esse fato é uma realidade que não deve causar desânimo, mas, ao contrário, encorajar a busca de superações e a abertura de possibilidades.

Queremos relembrar que, para agir sobre a realidade, precisamos desvencilhar-nos tanto de um sentimento de onipotência (autoconfiança excessiva) quanto de uma sensação de impotência (falta de confiança em si mesmo e no outro), a fim de buscar um caminho de potência, que só é possível por meio do trabalho em conjunto.

Finalmente, todo aquele que desejar ou pretender aceitar o desafio da liderança em uma sociedade em constante mudança deverá observar alguns indicadores, tais como:

- antes de mais nada, colocar-se em questão, implicando-se necessariamente com o contexto em que atua — o líder faz e se refaz no exercício da sua função;
- considerar que a gestão é um processo em contínua evolução e que o gestor se defronta necessariamente com uma fase de experimentação para descobrir o seu estilo de liderança, aprendendo com seus erros e acertos;
- estar atento às necessidades, inquietações e insatisfações dos empregados, abrindo-se ao diálogo e à crítica sempre que for necessário;
- reconhecer que há três campos de força que definem o estilo eficaz da liderança — forças que estão no líder, forças que estão nos liderados e forças que compõem a estrutura;
- analisar a qualidade e a natureza da sua relação com os empregados — veículo de alienação ou de possibilidade de transformação —, facilitando ou dificultando o processo de aprendizagem;
- desvencilhar-se da busca de cartilhas ou fórmulas prontas, mas procurar aprofundar conhecimentos, lendo e aprendendo com os teóricos e pesquisadores que escreveram sobre o tema da liderança, sistematizando sua experiência e a de outros, na busca de parâmetros necessários à superação do senso comum ou dos "achismos";

- trocar informações sobre experiências com outros líderes para relativizar pontos de vista e ampliar os horizontes, a fim de repensar sua prática e descobrir novas possibilidades para o aprimoramento de sua função;
- investir no autoconhecimento, necessário ao crescimento e amadurecimento pessoal e profissional, como base para o conhecimento, a orientação e o apoio ao desenvolvimento do outro.

A liderança de equipes só se faz coletivamente. Isso não quer dizer que o líder deva abrir mão da sua influência, mas precisa reconhecer que, para equacionar com eficácia a dupla face da liderança — as necessidades e expectativas dos empregados com os objetivos e expectativas das organizações —, não é possível fazê-lo sem o consentimento dos liderados. Vergara (2000) nos chama a atenção para o caráter relacional do fenômeno da liderança.

Por tudo o que estudamos, podemos afirmar: não há líder sem liderados, pois, para exercer sua liderança, o líder precisa criar condições para satisfazer expectativas, interesses e motivações dos liderados. Ele não está necessariamente acima ou fora do mundo dos liderados. Tem de interagir com eles para juntos formarem uma equipe.

Lembre-se, leitor, de que aquele que está à frente de uma equipe deve colaborar para o despertar da liderança nos outros. Esse aspecto do comportamento do líder é característico do líder transformador de hoje.

Referências bibliográficas

AGUIAR, Maria A. F. *Psicologia aplicada à administração*: uma abordagem interdisciplinar. São Paulo: Saraiva, 2005.

ALBORNOZ, S. *O que é trabalho*. São Paulo: Brasiliense, 1986.

AMARÚ, M. A. C. *Gerência do trabalho de equipe*. São Paulo: Pioneira, 1986.

ANZIEU, Didier. *O grupo e o inconsciente*: o imaginário grupal. São Paulo: Casa do Psicólogo, 1993.

AYMARD, Alain. Dinâmica dos grupos. In: BARUS, E. *Dicionário de psicossociologia*. Lisboa: Climepsi, 2002.

BEE, Roland. *Feedback*. São Paulo: Nobel, 2000.

BERGAMINI, C. W. Liderança: a administração do sentido. *Revista de Administração de Empresas*, São Paulo, v. 34, n. 3, p. 102-114, 1994.

BERLO, David K. *O processo da comunicação*. Rio de Janeiro: Fundo de Cultura, 1968.

BION, W. R. *Experiências com grupos*. Rio de Janeiro: Imago, 1970.

BOLEN, Jean S. *As deusas e a mulher*: nova psicologia das mulheres. São Paulo: Paulus, 1990.

BOOG, Gustavo. *Manual de treinamento e desenvolvimento da ABTD*. São Paulo: Makron Books, 2001.

CABRAL, Álvaro. *Dicionário de psicologia e psicanálise*. 2. ed. Rio de Janeiro: Expressão e Cultura, 1979.

CHUNG, Tom. *Qualidade começa em mim*. São Paulo: Maltese, 1995.

COELHO, Alecir A. G. *Competências essenciais*: uma ferramenta de gestão de recursos humanos para as empresas do novo mercado elétrico brasileiro. Trabalho de conclusão de curso (MBA em Energia Elétrica) — Instituto de Economia, Universidade Federal do Rio de Janeiro, Rio de Janeiro, 2001.

DICIONÁRIO DE MITOLOGIA GRECO-ROMANA. 2. ed. São Paulo: Abril Cultural, 1976.

DORON, R.; PAROT, F. (Org.). *Dicionário de psicologia*. São Paulo: Ática, 1991.

DuBRIN, Andrew J. ; MARRAS, Jean Pierre. *Fundamentos do comportamento organizacional*. São Paulo: Thomson Learning, 2003.

DUTRA, Joel Souza. *Competências*: conceitos e instrumentos para a gestão de pessoas na empresa moderna. São Paulo: Atlas, 2004.

FREUD, Sigmund. *Obras completas*. 19. ed. Rio de Janeiro: Imago, 1987. v. 18: Psicologia de grupo e análise do ego.

HENNEMAN, Richard F. *O que é psicologia?* 17. ed. Rio de Janeiro: José Olympio, 1989.

HERSEY, P: BLANCHARD, K. H. *Psicologia para administradores*: a teoria e as técnicas da liderança situacional. São Paulo: EPU, 1986.

JUNG, Carl Gustav. *Tipos psicológicos*. 2. ed. Rio de Janeiro: Zahar, 1974.

_____. *Obras completas*. 14. ed. Petrópolis: Vozes, 1987. v. 7: Psicologia do inconsciente.

KATZENBACH, Jon R. *A força e o poder das equipes*. São Paulo: Makron Books, 1994.

_____. *Equipes campeãs*: desenvolvendo o verdadeiro potencial de equipes e líderes. Rio de Janeiro: Campus, 2001.

KOUSES, J. M.; POSNER, B. Z. *O desafio da liderança*. 2. ed. Rio de Janeiro: Campus, 1997.

LAKATOS, E. M. *Sociologia da administração*. São Paulo: Atlas, 1997.

LEWIN, K. *Princípios de psicologia topológica*. São Paulo: Cultrix/ USP, 1973.

LIKERT, R.; LIKERT, J. G. *Administração de conflitos*: novas abordagens. São Paulo: McGraw-Hill do Brasil, 1979.

MYERS, I. B. *Introduction to type*: a guide to understanding your results on the Myers-Briggs Type Indicator. Palo Alto, CA: Consulting Psychologists Press, 1993.

MORGAN, G. *Imagens da organização*. São Paulo: Atlas, 1996.

MOSCOVICI, F. *Equipes dão certo*: a multiplicação do talento humano. Rio de Janeiro: José Olympio, 1995.

_____. *Desenvolvimento interpessoal*: treinamento em grupo. Rio de Janeiro: José Olympio, 2002.

MOTTA, P. R. *Gestão contemporânea*: a ciência e a arte de ser dirigente. Rio de Janeiro: Record, 1994.

_____. _____. Rio de Janeiro: Record, 1997.

NASCIMENTO, Kleber. *Comunicação interpessoal eficaz*: verdade & amor. Rio de Janeiro: Incisa, 1977.

O'CONNOR, Joseph. *Treinando com a PNL*: recursos para administradores, instrutores e comunicadores. São Paulo: Summus, 1996.

PCN. *Livro introdutório*: documento básico: ensino fundamental e médio. Brasília: MEC/Inep, 2002.

RESENDE, Ênio. *O livro das competências*. Rio de Janeiro: Qualitymark, 2000.

ROBBINS, Harvey. *Como ouvir e falar com eficácia*. Rio de Janeiro: Campus, 1994.

SCHUTZ, Will. *Profunda simplicidade*. São Paulo: Ágora, 1989.

SOTO, Eduardo; MARRAS, Jean Pierre. *Comportamento organizacional*: o impacto das emoções. São Paulo: Thomson Learning, 2002.

SPECTOR, P. E. *Psicologia nas organizações*. São Paulo: Saraiva, 2002.

VERGARA, Sylvia Constant. *Gestão de pessoas*. São Paulo: Atlas, 2000.

WAGNER III, J. A.; HOLLENBECK, J. R. *Comportamento organizacional*: criando vantagem competitiva. São Paulo: Saraiva, 2004.

WOOLGER, Jennifer B. *A deusa interior*. São Paulo: Cultrix, 1995.

ZACHARIAS, José J. de M. *Entendendo os tipos humanos*: tipologia de C. G. Jung. São Paulo: Paulus, 1995.

_____. *Quati* — Questionário de Avaliação Tipológica. São Paulo: Vetor, 2000.

As autoras

Damáris Vieira Novo

Mestre em administração pública e de empresas pela Escola de Administração Pública e de Empresas da Fundação Getulio Vargas (Ebape/FGV), pós-graduada em psicologia do trabalho pelo Instituto de Seleção e Orientação Profissional da Fundação Getúlio Vargas (Isop/FGV), especialista em dinâmica de grupo e metodologia psicodramática pela Sociedade Brasileira de Psicoterapia (Sobrap) — International Association of Group Psychotherapy. Qualificação em educação pelo Kibbutz Chain – International Education Systems, Jerusalém, com bolsa do governo de Israel. Psicóloga e licenciada em filosofia pela Universidade do Estado do Rio de Janeiro (Uerj). Sua experiência profissional inclui cargos de docência e coordenação no Serviço Nacional de Aprendizagem Comercial (Senac/RJ), docência em cursos de graduação e pós-graduação em administração e psicologia (UFF, PUC, Cefet, UVA, USS), consultoria a organizações públicas e privadas, atendimento individual para executivos (*coaching*) e orientação profissional. Palestrante em congressos nacionais e internacionais. Professora do Cademp/ FGV e do FGV Management.

Edna de Assunção Melo Chernicharo

Psicóloga, pós-graduada em clínica psicanalítica pela UGF. Especialista em Dinâmica de Grupo. Docente em cursos de extensão e pós-graduação em gestão de pessoas (Cefet, Uva, Grupo Prisma, UniverCidade, Uesa). Sua experiência profissional inclui coordenação de recrutamento e seleção de pessoal administrativo da UniverCidade, tenente do Ministério da Defesa (Exército Brasileiro), Departamento de Ensino e Pesquisa. Palestrante em estágios de preparação dos recursos humanos em diversos estabelecimentos de ensino no Exército. Pesquisadora das competências básicas para os ensinos fundamental, médio e superior no âmbito do Exército. Consultora em treinamento e desenvolvimento de pessoas. Professora do Cademp/FGV.

Mary Suely Souza Barradas

Mestre em psicologia da educação pelo Instituto Superior de Estudos Avançados em Educação (Iesae/FGV), com especialização em gerência de programas sociais pela Universidade Federal do Rio de janeiro (UFRJ). Psicóloga e licenciada em psicologia pela UFRJ. Ampla experiência no magistério do ensino fundamental ao terceiro grau nas redes pública e privada. Docência em cursos de graduação e pós-graduação em administração e psicologia (UFF, UGF, Grupo Prisma, Unigranrio, UVA). Experiência em assessoria, planejamento, coordenação e supervisão de programas de capacitação e qualificação profissional. Consultora e instrutora de treinamento em organizações públicas e privadas na área de desenvolvimento de recursos humanos. Professora do Cademp/FGV e do FGV Management.